dinosaurios

un libro en *movimiento*

dinosaurios

dra. emily rayfield

Rayfield, Emily
    Dinosaurios / Emily Rayfield ; ilustraciones Chris Taylor -
Thumbprint Animation —
    Bogotá : Panamericana Editorial, 2004.
    96 p. : il. ; 15 cm. — (En movimiento)
    ISBN 958-30-1393-5
    1. Dinosaurios I. Taylor, Chris, il. II. Tít. III. Serie.
567.91 cd 20 ed.
AHU7005

    CEP-Banco de la República-Biblioteca Luis Ángel Arango

Editor
Panamericana Editorial Ltda.

Traductor
Yelka María García Rodríguez

Título original del libro: *Dinosaurs*
Nombre original de la colección: *Flowmotion Series*

Primera edición en Inglés, 2003
© Axis Publishing Limited
8c Accommodation Road
London NW 11 8ED
United Kingdom

Primera edición en Español, julio 2004
© Panamericana Editorial Ltda.
Calle 12 No. 34-20 Tel.: 3603077
www.panamericanaeditorial.com
panaedit@panamericanaeditorial.com
Bogotá D. C., Colombia

ISBN: 958-30-1393-5

Las opiniones y consejos expresados en el libro tienen el único propósito de servir sólo como guía. Ni la Editorial, ni el autor aceptarán responsabilidad alguna por lesiones o pérdidas que sean producto del uso de este libro.

Reservados todos los derechos. Ninguna parte de este libro puede ser reproducida en ningún medio, fotocopias, microfilmación, escáner, o cualquier otro recurso, ni incluida para hacer parte de ningún otro medio o sistema, sea este electrónico o mecánico, sin la autorización expresa del Editor.

Impreso por Panamericana Formas e Impresos S.A.
Calle 65 No. 95-28 Tel.: 4302110
Bogotá D. C., Colombia
Quien sólo actúa como impresor.

un libro en movimiento
dinosaurios

contenido

introducción	6
dinosaurios de cuatro patas	26
dinosaurios de dos y cuatro patas	44
dinosaurios de dos patas	52
glosario	92
índice	94

introducción

Estamos conformados de igual manera que un dinosaurio. Tenemos brazos, piernas, muñecas, tobillos, codos, rodillas, hombros, cadera, pantorrillas y muslos como ellos. Así mismo, los dinosaurios tenían nariz, orejas y ojos semejantes a los nuestros para oler, oír y ver el mundo. Poseían un esqueleto óseo, músculos, ligamentos y tendones para generar movimiento como nosotros.

El motivo por el cual somos parecidos en tantos aspectos, es que los dinosaurios y los humanos tenemos alguna relación lejana. Hace cientos de millones de años, una de las ramas de la antigua familia de los animales se convirtió en mamífera (los humanos somos mamíferos), mucho después los dinosaurios se extinguieron y aparecieron los humanos modernos.

El nacimiento de los dinosaurios, o "terribles lagartos", hace aproximadamente 230 millones de años creó una variedad de animales nunca antes vistos en el planeta Tierra, que se adaptaron muy bien para vivir de nuevas maneras volviéndose rápidos corredores, excesivamente grandes o excepcionalmente feroces. En este libro se analizarán los dinosaurios más importantes, cómo eran, cuándo y cómo vivieron y cómo se movían.

¿cuándo vivieron los dinosaurios?

Los dinosaurios gobernaron la Tierra durante una era conocida como Mesozoica. El Mesozoico se divide en tres periodos, denominados Triásico,

El *Herrerasaurio* es uno de los primeros dinosaurios conocidos. Vivió en Sur América hace casi 230 millones de años.

Jurásico y Cretácico. El Triásico comenzó hace aproximadamente 245 millones de años, aunque los dinosaurios no aparecieron sino 15 millones de años después. Los primeros dinosaurios vivieron de manera dispersa en lo que actualmente es Argentina, en Sur América. Desde allí los dinosaurios se propagaron rápidamente hacia otros continentes, de manera que para comienzos del Jurásico, cerca de 30 millones de años después, se encontraban por todo el mundo. El Jurásico se extendió entre 201 hasta hace 144 millones de años y luego vino el periodo Cretácico comprendido entre 144 hasta hace 65 millones.

Hacia finales del Cretácico, la Tierra se volvió más fría y seca y luego un gran asteroide chocó contra ella cerca de la costa de México, lo que acabó con toda la vida existente en el área y obstruyó la atmósfera con una gran nube de polvo y desechos. Hace casi 65 millones de años los dinosaurios se extinguieron; posiblemente fueron aniquilados por el daño ocasionado por aquel asteroide. Pero no todo se perdió, para ese entonces un pequeño y nuevo grupo de dinosaurios había dado origen a los antepasados de las aves modernas. De alguna manera se puede pensar que los dinosaurios todavía viven en el cuerpo de los gorriones y otras aves.

¿cómo vivían los dinosaurios?

Algunos crecieron hasta alcanzar 46 m de longitud, 15 m de altura y 100 toneladas de peso, pero no todos fueron tan grandes; de hecho, los hubo muy pequeños, en algunos casos del tamaño de un pollito. Algunos comían sólo plantas (herbívoros), otros únicamente carne (carnívoros) y unos pocos ingerían de todo (omnívoros). Había dinosaurios que caminaban en dos patas (bípedos), otros en cuatro (cuadrúpedos), algunos podían decidir si iban en dos o en cuatro patas y unos cuantos nadaban aunque ninguno vivía en el agua.

No todos los animales de esa época eran dinosaurios. Criaturas como el *Plesiosaurio* (que se parecía al legendario monstruo del pantano) y el *Ictiosaurio*, parecido a un delfín, vivieron en el agua durante el Mesozoico pero no fueron dinosaurios.

¿QUÉ ES EVOLUCIÓN?

Todos los organismos surgen mediante el proceso de evolución, que es el desarrollo de nuevos tipos de animales o plantas a partir de otros ya existentes. Cuando éstos se reproducen, los genes que se encontraban ocultos pueden quedar al descubierto, o tener cambios accidentales. Algunas veces estos cambios les proporcionan a las crías una ventaja sobre otros miembros de su propia especie, que pasará luego a las siguientes generaciones, las cuales pueden desarrollar otras ventajas. Cuando un grupo de organismos se vuelve genéticamente muy diferente de sus antepasados, se le denomina nueva "especie".

cuadro ancestral – cladograma

Un cladograma es un tipo de árbol genealógico que muestra cómo evolucionó un grupo de animales a partir de un antepasado común. Comience en la esquina inferior izquierda en Dinosaurios y recorra las ramificaciones, así verá quién se relaciona con quién. Los grupos principales están en mayúsculas y los nombres de los dinosaurios vienen al final de cada rama. Los nombres en negrilla se refieren a las especies que aparecen en este libro.

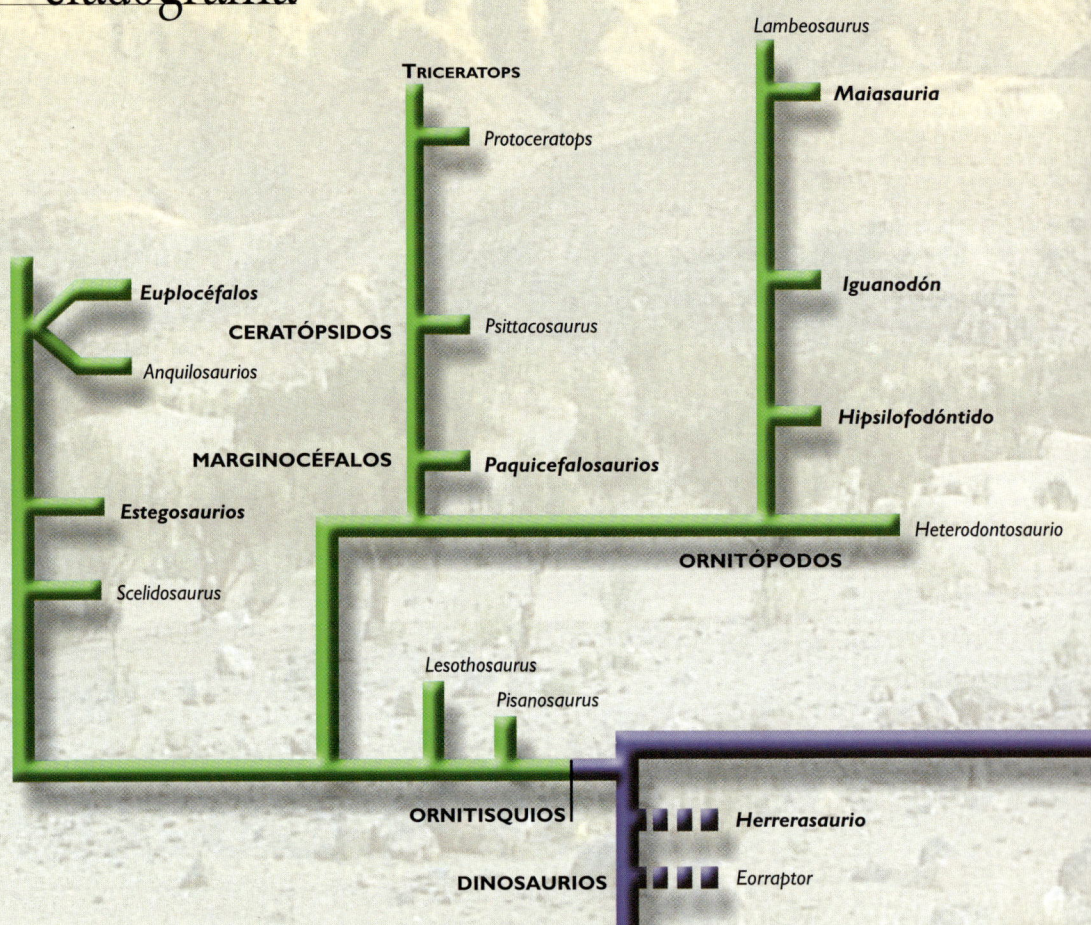

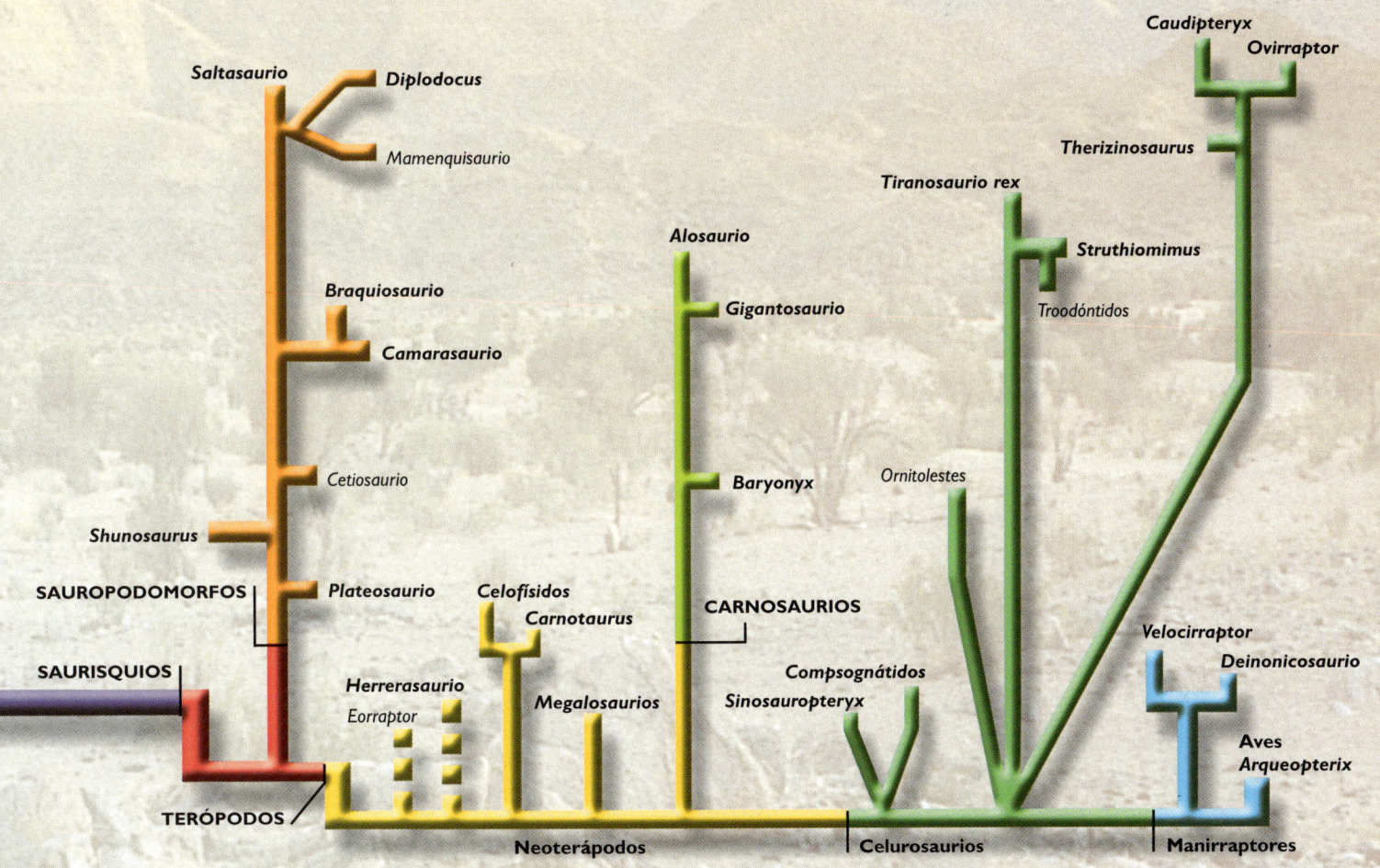

grupos de dinosaurios – cadera y terminaciones del pico

En general, los dinosaurios se dividen en dos grupos principales dependiendo de la forma de la cadera y del pequeño hueso del cráneo: los saurisquios y los ornistiquios.

La cadera se compone de tres huesos diferentes: el ilion, el isquion y el pubis. En todos los dinosaurios el ilion se fusiona (está fijo) con la columna vertebral y el isquion apunta hacia atrás y abajo desde el ilion. En los saurisquios, la tercera vértebra, el pubis, apunta hacia adelante y abajo. Algunas veces a los saurisquios se les denomina "cadera de lagarto" debido a que la disposición de sus huesos se puede observar aún en los cocodrilos modernos y en otros parientes extintos.

No obstante, en los ornistiquios el pubis cambió de dirección y quedó hacia atrás y hacia abajo. Algunas veces se les denomina "cadera de ave", ya que en éstas el pubis apunta hacia atrás. Este término es impreciso porque los ornistiquios no son los antepasados de las aves. Algunos saurisquios también desarrollaron este tipo de pubis; por tanto, agrupar los dinosaurios en ocasiones puede ser confuso. También, todos los

Abajo: El *Diplodocus* fue un tipo de dinosaurio saurisquio. Los saurisquios se diferenciaban por el pubis que apuntaba hacia adelante.

Página opuesta: El *Triceratops* fue un tipo de dinosaurio ornistiquio cuyo pubis apuntaba hacia atrás.

dinosaurios ornistiquios tienen un hueso pequeño llamado "predental" en la punta de su mandíbula inferior, que forma la parte de abajo de un pequeño pico y que no se encuentra en los dinosaurios saurisquios.

saurisquios – los grandes contra los feroces

Los saurisquios se dividen en dos grupos principales, los sauropodomorfos y los terópodos. Los saurisquios originalmente tenían un segundo dedo largo y un "pulgar opuesto", como el nuestro, así podían atrapar el follaje o la presa entre el dedo y el pulgar.

Los sauropodomorfos se dividen en prosaurópodos y saurópodos. Los primeros eran dinosaurios grandes, herbívoros, de cuello y cola larga y capaces de caminar en dos o cuatro patas. Los saurópodos también eran animales grandes herbívoros, de cuatro patas, con cuello y cola muy largos. El *Diplodocus*, el *Braquiosaurio* y el *Apatosaurio* eran saurópodos. Los terópodos por lo general, comían carne. El *Tiranosaurio rex*, el *Velocirraptor* y el *Alosaurio* fueron todos terópodos famosos. Más adelante en el texto descubrirá de qué manera un grupo de dinosaurios terópodos dio origen a las aves.

ornistiquios

Los ornistiquios se clasifican en tres grupos principales. El primero, los tireóforos, caminaba en cuatro patas y tenía en su cuerpo un recubrimiento

en forma de coraza. El *Estegosaurio* y el *Anquilosaurio* son dos tireóforos muy conocidos. El segundo grupo, los ornitópodos, caminaba en dos patas o combinando entre dos y cuatro. Incluyen el dinosaurio con pico aplanado y el *Iguanodón*. El grupo de *Marginocéfalos* incluye los paquicefalosaurios, bípedos con gran cabeza abombada, y los ceratópsidos, animales que fueron bípedos y luego se convirtieron en cuadrúpedos. El *Triceratops* y el *Estiracosaurio* son ceratópsidos muy conocidos.

Los ornistiquios fueron herbívoros. Las plantas son difíciles de ingerir y requieren que se les mastique muchas veces o fermentarse en el estómago para liberar sus nutrientes. Algunos investigadores han sugerido que los ornistiquios pasaron su pubis hacia atrás para abrirle espacio a un intestino más grande para digerir las plantas.

cómo se movían los dinosaurios

requisitos generales
Todos los animales deben ser capaces de realizar determinadas cosas para poder moverse y los dinosaurios no fueron la excepción. Tenían que soportar su peso, permanecer estables para no caerse, incluso ante el cambio repentino de dirección, y utilizar la energía obtenida de los alimentos para que su cuerpo continuara funcionando y moviéndose.

éxito de los dinosaurios
Pese a las grandes diferencias en tamaño, forma y dieta, todos los dinosaurios evolucionaron a partir de un antepasado bípedo de rápidos movimientos. Los diferentes grupos continuaron modificando sus esqueletos de diversas maneras para ajustarse al estilo de vida seleccionado. Uno de los motivos por los cuales los dinosaurios sobrevivieron durante millones de años es que sus patas y cuerpos fueron los apropiados para moverse en tierra.

postura extendida
Los lagartos y cocodrilos modernos tienen una postura extendida; sacan sus extremidades a lado y lado de su cuerpo, semejante a la forma como un humano hace flexiones de

Al igual que todos los dinosaurios, el *Iguanodón* tuvo una "postura erguida" con sus extremidades y patas plegadas debajo de su cuerpo y no extendidas hacia los lados.

pecho. Los huesos superiores de las extremidades delanteras (el húmero) y de las traseras (el fémur) están horizontales con respecto al cuerpo, mientras que los huesos inferiores (radio y cúbito en las patas delanteras y tibia y peroné en las traseras) se encuentran en posición vertical. Si alguna vez ha visto andar a un cocodrilo o un lagarto, sabrá que la columna vertebral y la cola se menean mientras caminan. Este movimiento de vaivén ayuda a que sus manos y patas se muevan hacia adelante para aumentar la longitud de cada paso. Los codos, rodillas, muñecas y tobillos también rotan para ayudar a mantener las patas y las manos bien apoyadas en el suelo.

Cuando estos animales extendidos mantienen su cuerpo cerca del suelo con las patas separadas, son muy estables y difíciles de tumbar; no son muy grandes ni pesados, de hecho, cualquiera que haga flexiones de pecho sabe lo difícil que es soportar el propio peso con los brazos doblados así.

éxito de la postura erguida

Los antepasados muy distantes de los dinosaurios tenían postura extendida, pero sus extremidades estaban en una posición diferente; las doblaban directamente debajo del cuerpo en lo que se conoce como "postura erguida", y sus huesos se mantenían más o menos verticales con las patas ubicadas debajo del cuerpo y no separadas de él.

Los dinosaurios tendieron a mantener su columna vertebral más rígida para evitar el balanceo a lado y lado. Mover las extremidades cobró más importancia que mover la columna vertebral; la cadera se fusionó firmemente a ésta, lo cual les ayudó a sobrellevar la presión ejercida en los huesos debido al movimiento. En lugar de retorcerse, las articulaciones de las extremidades del dinosaurio se podían mover sólo hacia adelante y hacia atrás como una bisagra, como nuestras rodillas, entonces, en lugar de lucir como brazos y patas de lagarto, parecían las de mamíferos como el perro.

Con las extremidades inferiores no extendidas hacia los lados, las piernas pueden soportar un mayor peso corporal. Sostener los huesos de las extremidades en posición vertical también aumenta la longitud del paso (zancada). Al igual que las aves y algunos mamíferos, los dinosaurios desarrollaron un hueso bisagra especial que les permitía caminar sobre los dedos de patas y manos. Esta postura se llama "digitígrada". Caminar así aumenta la longitud de las piernas, y por ende, alarga la zancada.

Las extremidades erguidas facilitan los cambios de dirección, aunque esta postura es menos estable que la extendida, debido a que las patas están más juntas y la mayor parte del peso se sostiene lejos del suelo. La cola larga ayuda a equilibrar el peso de la cabeza y del cuello y a mantener el cuerpo erguido.

músculos

En los dinosaurios, los músculos potentes van desde la cadera y la cola hasta las piernas, y desde los hombros hasta los brazos. Cuando ponían sus manos y patas en el suelo, estos músculos halaban las piernas y brazos hacia atrás, empujando el cuerpo hacia adelante sobre las piernas.

En casi todos los dinosaurios el músculo más potente de las piernas era el "caudofemoralis" que se extendía desde la cola hasta cerca de la parte superior del hueso del muslo y ayudaba a halar las patas hacia atrás.

Algunos músculos estaban diseñados especialmente para levantar la pierna y llevarla hacia adelante, o colocarla en el suelo para comenzar una zancada, otros para flexionar las articulaciones.

Otros ayudaban a mantener erguido al animal, lo cual era de especial importancia para los bípedos. Más adelante verá de qué manera los cambios en los huesos de cadera, extremidades y cola ayudaron a los dinosaurios a alterar el funcionamiento de estos músculos y la forma como afectó su movimiento.

Al moverse, dinosaurios como los *Gigantosaurios* contraían poderosos músculos que iban desde la cadera y la cola hasta las piernas.

modo de andar

Si usted camina lentamente y desea acelerar el paso, comienza a mover las piernas más rápido y a alargar los pasos; a la postre, empieza a correr lentamente. Caminar y correr son dos "modos de andar" diferentes o secuencias de movimientos de las piernas. Al caminar, cada pie pasa en el suelo más de la mitad de toda la zancada y al correr, cada pie pasa menos de la mitad de la zancada en contacto con el suelo.

A alta velocidad, los animales pueden correr o utilizar otras formas de andar como trotar, saltar o galopar como lo hace el caballo. Como se observará más adelante, algunos dinosaurios podían correr, mientras que otros tan sólo podían caminar rápido.

tamaño y velocidad

Un niño necesita correr para alcanzar a un adulto que camina. Esto se debe a que cuando los animales crecen, pueden dar pasos más largos (y menos zancadas) que los pequeños. Los grandes utilizan más energía para moverse, pero a su vez ahorran algo de ésta porque dan menos zancadas que los animales más pequeños. Los dinosaurios grandes tal vez aprovecharon este hecho para conseguir alimento, agua, refugio y apareamiento. Su gran tamaño significaba que una vez se convertían en adultos, tenían menos probabilidad de ser atacados por depredadores más pequeños.

Además, un volumen corporal muy grande les permitía retener gran cantidad de calor, no enfriarse muy rápido y mantener casi estable la temperatura, incluso durante la noche (véase página 17, ¿dinosaurios de sangre fría o caliente?).

El *Braquiosaurio* no podía correr. No obstante, era tan grande y su zancada tan larga que los animales más pequeños tenían que correr para alcanzarlo.

¿QUÉ TAN RÁPIDO PUEDE CORRER?

Puede calcular su propia velocidad utilizando un cronómetro y un metro. Corra durante 10 segundos y luego mida qué tan lejos pudo llegar. La velocidad se puede medir en metros por segundo. Si corre 50 metros en 10 segundos, esto significa que estaba corriendo a una velocidad promedio de 5 m por segundo (50 dividido entre 10). ¿En qué se parece a la velocidad de los dinosaurios? ¿Cree que podría sobrepasar a un *Tiranosaurio rex*?

medición

Como vimos, crecer mucho tiene ventajas, pero a medida que un animal aumenta de tamaño, la fuerza bruta que necesita de sus huesos y la que los músculos pueden producir para moverlo se vuelven un verdadero problema. Para evitar que los huesos y músculos crecieran demasiado, los animales grandes modificaron el esqueleto y alteraron su forma de vida.

Para no sacudir el esqueleto, los animales grandes evitan correr o galopar, con frecuencia yerguen las extremidades tanto como les sea posible para no flexionar las articulaciones ni estirar excesivamente los músculos.

Los saurópodos se acercaron al límite de tamaño de animales terrestres. En el agua, los problemas de peso se reducen, ya que el agua ayuda a que el esqueleto flote. Las ballenas azules modernas pueden crecer y alcanzar tamaños mucho mayores a los de los dinosaurios terrestres.

El *Shunosaurus* y otros saurópodos modificaron las extremidades y forma de andar para sostener sus grandes y pesados cuerpos.

conservación de la energía

Los animales grandes utilizan gran cantidad de energía al moverse, entonces cualquier forma de ahorro es bienvenida. El modo de andar es importante; por ejemplo, caminar rápido puede utilizar menos energía que correr lentamente y a la misma velocidad. La gravedad también ayuda a dirigir el balanceo de las extremidades hacia el suelo y a apuntar el cuerpo hacia adelante sobre las piernas, al igual que el péndulo de un reloj.

Los tendones, láminas o tiras de fibras elásticas que conectan los músculos al hueso, son otra reserva importante de energía; los grandes van a lo largo de las piernas de muchos animales (puede sentirlos detrás de la rodilla). Cuando la pata se pone en el suelo, el tendón se estira y almacena energía como una banda elástica gigante. Cuando la pata se despega del suelo, el tendón libera la energía y la pierna rebota hacia atrás y hacia arriba. Los tendones son reservas importantes de energía para animales grandes como caballos y camellos y probablemente también lo fueron para los dinosaurios. Los ligamentos conectan unos huesos con otros; son menos elásticos que los tendones pero también pueden actuar como reservas importantes de energía; por ejemplo, durante la locomoción humana, los músculos, tendones y ligamentos se combinan para conservar la energía.

introducción | 17

Terópodos y aves, inclusive el *Arqueopterix*, tienen huesos huecos para aligerar sus esqueletos.

Animales como los elefantes tienen almohadillas de tejido graso que sostienen los talones para amortiguar el fuerte impacto de las patas al golpear el suelo. Es probable que ciertos dinosaurios, en especial los saurópodos, tuvieran las mismas almohadillas.

Al reducir el peso corporal se necesita menos energía para trasladarlo. Si los huesos son muy pesados, el hecho de hacerlos más delgados ayuda a ahorrar energía, pero es importante que aunque livianos, también sean fuertes como para no romperse con el movimiento; existe una compensación entre resistencia y ligereza.

Para aumentar la resistencia o bajar peso, los huesos pueden fusionarse y los dedos de patas y manos perderse o reducir tamaño. El cuerpo se asegura de producir hueso sólo donde sea necesario y de eliminar el excedente.

Los terópodos desarrollaron huesos huecos en las extremidades debido a que son más livianos que los sólidos y es menos probable que se doblen. Todas estas adaptaciones garantizaron que el movimiento se hiciera tan rápido y eficiente como fuera posible.

¿DINOSAURIOS DE SANGRE FRÍA O CALIENTE?

Las culebras y lagartos son ectotérmicos, obtienen la mayor parte de su calor corporal del sol. Requieren menos alimentos, agua y oxígeno; son capaces de arranques cortos de velocidad, pero no pueden moverse rápido durante periodos prolongados. Los científicos no saben si los dinosaurios eran ectotérmicos o endotérmicos, no obstante, las extremidades debajo del cuerpo sugieren un estilo de vida activo, y por tanto, que podían producir su propio calor. Los bebés dinosaurio podían crecer rápido (como los mamíferos y las aves) y la estructura ósea del dinosaurio era semejante a la de los mamíferos endotérmicos.

Los dinosaurios grandes perdían calor lentamente. Algunos más pequeños estaban cubiertos de plumas o cerdas semejantes a plumas que les ayudaban a conservar el calor. La evidencia indica que los dinosaurios eran endotérmicos. Esto significa que no dependían del sol para calentar sus músculos y trasladarse rápido durante un periodo prolongado.

Los animales de sangre caliente, o endotérmicos como los humanos, otros mamíferos y las aves, producen su propio calor para mantenerse calientes. Gran cantidad de alimentos y oxígeno se queman en el cuerpo para producir energía y calor, para mantener funcionando los músculos, realizar otros procesos corporales y moverse durante periodos prolongados.

¿cómo se conoce la forma como se movían los dinosaurios?

Los dinosaurios fueron criaturas vivas que respiraban; sin embargo, todo lo que queda de su existencia son huesos, dientes, excrementos y huellas. ¿De qué manera sabemos cómo vivían, se paraban, caminaban, corrían y qué tan rápidos eran? ¿Cómo es posible escribir libros como éste? La siguiente sección explica la forma en que los científicos que estudian la prehistoria, los paleontólogos, traen de nuevo a la vida a estos dinosaurios y qué tan confiables son en sus conclusiones.

huesos, articulaciones y músculos

Se han descubierto huesos de brazos y piernas de dinosaurio. El punto donde el hueso de una extremidad se une con otro se llama "articulación". Rodillas, codos, tobillos y muñecas son articulaciones que pueden tener orificios, golpes o protuberancias poco usuales que permiten el movimiento. En fósiles bien conservados, los paleontólogos examinan estas características para deducir cómo se ajustaban los huesos de las extremidades y cómo se movían en conjunto.

En un animal vivo, una capa conocida como cartílago cubre la articulación para protegerla, y los ligamentos, músculos y tendones mantienen a los huesos en su posición. Pequeñas áreas rugosas, protuberancias u hoyuelos en la superficie de los huesos del dinosaurio pueden decirnos en qué parte estaban adheridos los ligamentos, músculos y tendones que después de la muerte se descompusieron mucho más rápido que los huesos y por esto no se fosilizaron.

Los paleontólogos algunas veces pueden reconstruir los músculos para tener una mejor idea de cómo se movía una pierna o un brazo. Con frecuencia los músculos de cocodrilos y aves, parientes vivos de los dinosaurios, son analizados para obtener pistas sobre los músculos de los dinosaurios. En la mayoría de los dinosaurios, los músculos de las extremidades son semejantes a los de las patas de los cocodrilos, con modificaciones para la postura erguida. Los cambios de forma del esqueleto se relacionan en general con modificaciones en el tamaño del músculo, forma y dirección del desgarre. Los paleontólogos utilizan esta información para responder de qué manera estas variaciones alteraron la locomoción de los dinosaurios.

Las protuberancias y salientes en los huesos de los dinosaurios como el *Megalosaurio* indican de qué manera se ajustaban sus extremidades y cómo se movían sus huesos entre sí.

introducción | 19

Con sus largas patas y gran capacidad para correr rápido, el *Struthiomimus* es un ejemplo de dinosaurio cursorípedo.

forma de las piernas

Los animales que corren durante periodos prolongados o grandes distancias se conocen como "cursorípedos" y su comportamiento se llama "cursorial". Algunos científicos han notado que los mamíferos que tienen esta capacidad poseen extremidades inferiores más largas que las superiores. También, huesos de las manos y patas tienden a ser alargados para aumentar la longitud de la zancada.

Los huesos pueden ser muy delgados y cuando los músculos están adheridos a una extremidad cerca de una articulación, utilizar el músculo hace que la extremidad se mueva rápido pero no con gran fuerza. Esto significa que un cursorípedo puede acelerar hasta alcanzar su velocidad máxima.

Los cursorípedos tienen la ventaja de explorar grandes áreas en busca de comida, bebida y apareamiento y migrar a otras áreas a medida que cambian las estaciones. Los animales grandes y pesados aumentan lentamente su velocidad; los más pequeños y livianos cambian rápido de velocidad y dirección. Los cursorípedos utilizan esa velocidad para escapar de los depredadores o atrapar su presa, la cual pueden rastrear o perseguir por áreas extensas. Los perros cazadores africanos, avestruces y caballos son cursorípedos modernos.

animales lentos y pesados

Los científicos también descubrieron que mamíferos muy grandes y de lento movimiento tenían extremidades similares; las superiores, que se encuentran más cerca de la cadera y del hombro, tendían a ser más largas que las inferiores y sus huesos más gruesos, todo lo opuesto a los cursorípedos. También sus patas tienden a ser gruesas y dan apoyo y los músculos de las piernas se adaptan para producir fuerza y no velocidad. Estos animales se conocen como "graviportal" que significa, "pesado de trasportar". Un elefante es un buen ejemplo de animal graviportal.

La medición cuidadosa de los huesos de las extremidades de los dinosaurios y la observación del tamaño y forma de los esqueletos comprueba que se pueden descubrir cosas sobre su comportamiento. Esta investigación demuestra que los antecesores de todos los dinosaurios fueron criaturas pequeñas, cursorípedas que evolucionaron a una gran variedad formas corporales, tamaños y pesos.

El *Camarasaurio* fue un graviportal.

huellas

Los paleontólogos han encontrado huellas fosilizadas que ofrecen pistas importantes sobre el comportamiento de los dinosaurios. En primer lugar, las huellas confirman que los dinosaurios caminaban con las patas debajo del cuerpo y no extendidas hacia los lados, nos dicen cuántos dedos tenían, cuáles sostenían el mayor peso, si caminaban en dos o cuatro patas y si las almohadillas de las patas soportaban el peso.

Algunas huellas parecen ser de bípedos juveniles que correteaban en sus cuatro patas, o dinosaurios que caminaban por el agua, y tan sólo apoyaban las puntas de sus dedos en el fondo de un lago o mar poco profundo. Otra serie de huellas parecen mostrar dinosaurios herbívoros perseguidos por depredadores carnívoros, aunque es imposible decir con certeza si era el caso.

A menos que el dinosaurio haya quedado muerto y fosilizado al final de una serie de huellas, es difícil determinar a cuál animal pertenecen. Los terópodos dejan huellas con tres dedos y

Los paleontólogos aún no se han puesto de acuerdo en la velocidad que podía alcanzar un *Tiranosaurio rex*. Algunos piensan que no podía correr, pero ningún científico puede estar seguro hasta que se encuentren huellas.

marcas de garra al final de cada dedo. Las aves también dejan huellas de tres dedos, aunque la forma es distinta. Una gran huella de terópodo hallada en una roca de finales del cretácico en Nuevo México, Estados Unidos, mide casi 1 m de largo. El único animal que se sabe que era lo suficientemente grande como para producirla es el *Tiranosaurio rex*. Los ornitópodos dejaban huellas más grandes con tres dedos y marcas de cascos despuntados en lugar de garras. Otros ornistiquios tienen números variables de dedos en patas y manos. Los saurópodos dejan huellas grandes con las patas traseras, semejantes a un plato, y más pequeñas con las manos, en forma semicircular. La almohadilla de la pata aumenta el tamaño de la huella trasera, la cual puede alcanzar casi 1 m de diámetro.

cálculo de la velocidad

Los paleontólogos miden la longitud de la zancada a partir de la cantidad de huellas que encuentren en el mismo lugar. Esto nos dice cuánto ha recorrido el dinosaurio por zancada. Es necesario conocer la longitud de la pierna y cuánto tiempo tardó en dar cada zancada para poder calcular la velocidad. Las piernas son casi cuatro veces más largas que las patas, entonces la longitud se puede calcular a partir de las huellas.

No se puede medir el tiempo con tan sólo observar los fósiles, los estudios sobre mamíferos y aves demuestran que la longitud de la pierna y de la zancada se relacionan con la velocidad; dado que los dinosaurios caminaban como aves y mamíferos, los paleontólogos utilizan esta relación para calcular su velocidad a partir de las huellas.

Es importante tener en cuenta que las huellas pueden no registrar las velocidades máximas de los dinosaurios, debido a que éstas se preservan generalmente en superficies pegajosas o resbalosas como la arcilla húmeda o la arena, donde los dinosaurios hubieran necesitado caminar lenta y cuidadosamente.

cálculo de la fuerza

Los cálculos utilizados en ingeniería se han aplicado a los dinosaurios para averiguar qué tan fuertes eran sus huesos. Al caminar, cada pata pasa algo de tiempo en el suelo donde espera su turno para sostener el cuerpo. Al correr, cada pata pasa menos tiempo en el suelo. Los experimentos realizados con sensores demuestran que los corredores soportan fuerzas hasta de 3 1/2 veces su peso corporal con cada pie.

En dinosaurios muy pesados, correr hubiera ejercido gran tensión en los huesos de sus extremidades. Descubrir qué tan fuertes eran los huesos permite a los científicos observar si las extremidades de un dinosaurio hubieran soportado hasta 3 1/2 veces su peso corporal y calcular si podían correr o no.

músculos

Recientemente, algunos científicos han investigado cuánto músculo necesitaría un animal terrestre para poder correr. Estos investigadores descubrieron que un T. rex adulto no podía correr muy rápido, quizás entre 16 y 40 km/h, e incluso pudo estar limitado para caminar rápido.

¿quién vivió en dónde?

Los siguientes números están relacionados con el mapa que se encuentra en estas páginas e indican cuáles dinosaurios vivieron en cada lugar. Pero la Tierra no siempre lució como hoy día. Los continentes han cambiado en forma considerable, como se ilustra en los mapas encerrados en un óvalo.

1. **ESTADOS OCCIDENTALES, EE.UU.**
   DIPLODOCO, BRAQUIOSAURIO, CAMARASAURIO, ESTEGOSAURIO, MAISAURIA, T. REX, DEINONICOSAURIO, EUPLOCÉFALO

2. **ALBERTA, CANADÁ**
   TRICERATOPS, PAQUICEFALOSAURIO, ESTRUTIOMIMO

3. **ARIZONA Y NUEVO MÉXICO, EE.UU.**
   CELOFÍSIDOS

4. **INGLATERRA**
   IGUANODÓN, HIPSILOFODÓNTIDOS, MEGALOSAURIOS, BARYONYX

5. **ALEMANIA**
   COMPSOGNATHUS, ARQUEOPTERIX, PLATEOSAURIO

6. **MONGOLIA**
   VELOCIRRAPTOR, OVIRRAPTOR, THERIZINOSAURUS

7. **CHINA**
   SINOSAUROPTERIX, SHUNOSAURUS, CAUDIPTERIX

8. **TANZANIA**
   BRAQUIOSAURIO

9. **ARGENTINA**
   SALTASAURIO, HERRERASAURIO, CARNOSAURIO, GIGANTOSAURIO

PANGEA — FINAL DEL TRIÁSICO

LAURASIA / GONDWANA — FINAL DEL JURÁSICO

FINAL DEL CRETÁCICO

AMÉRICA DEL NORTE

AMÉRICA DEL SUR

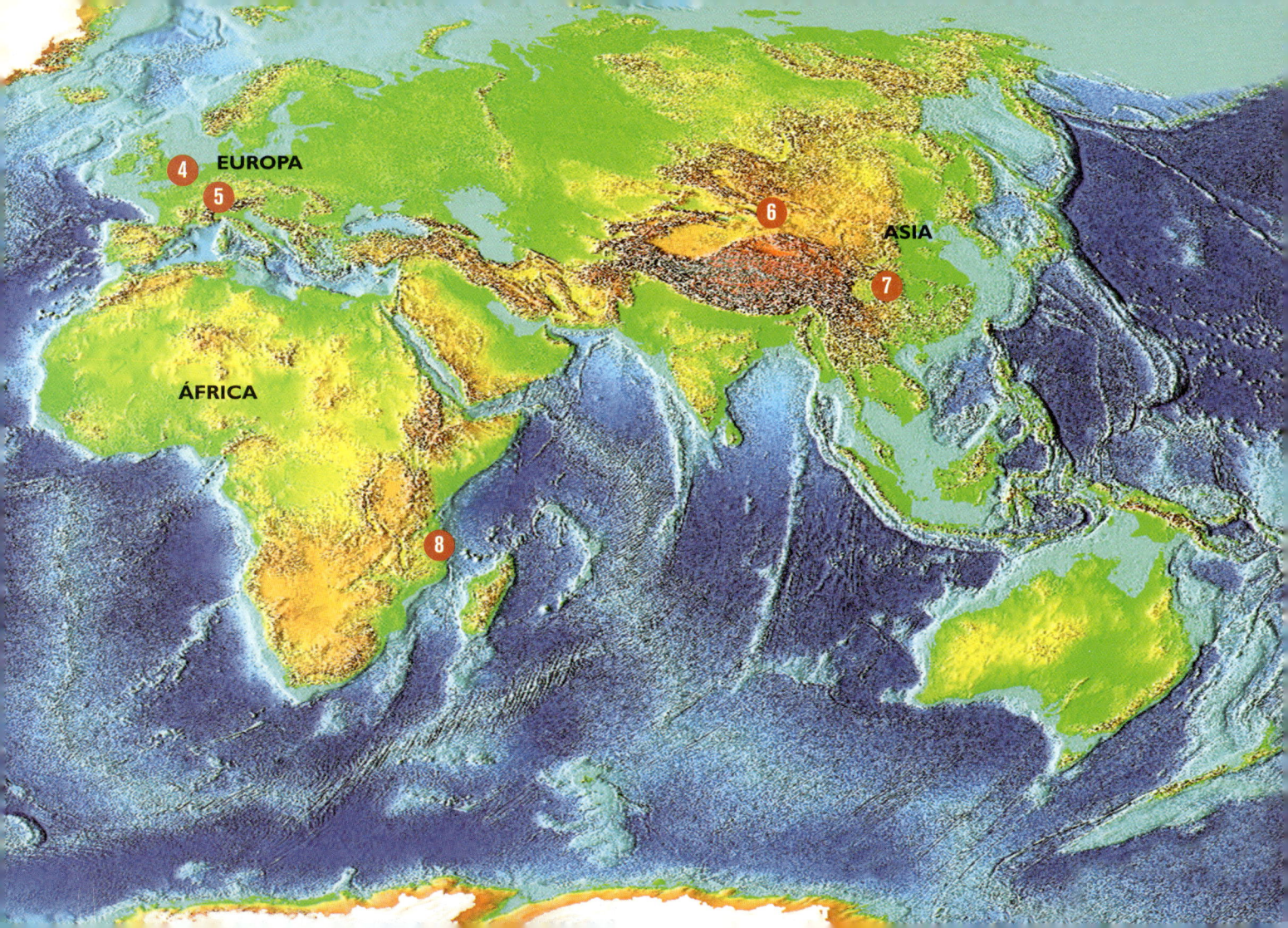

¿cuándo vivió quién?

No todos los dinosaurios vivieron al tiempo; el *Tiranosaurio rex* nunca conoció al *Alosaurio*. Aunque vivieron en la misma área, el Alosaurio existió cerca de 80 millones de años antes que el *T. rex*. Algunos dinosaurios, como el *Deinonicosaurio* y el *Gigantosaurio*, vivieron en la misma época; sin embargo, no se conocieron ya que habitaban en continentes distintos separados por mar abierto. La siguiente sección analiza cuáles vivieron juntos y qué clima y ambiente había en aquella época.

No existe suficiente espacio en este texto para abarcar todos los dinosaurios conocidos e incluso, si esto fuera posible, algunos se conocieron a partir de tan solo unos cuantos trozos de hueso, lo cual no es suficiente para hacer predicciones útiles sobre su locomoción. Al leer este libro, recuerde que el hecho de que los dinosaurios compartan el tipo de locomoción, no significa que se encuentren relacionados.

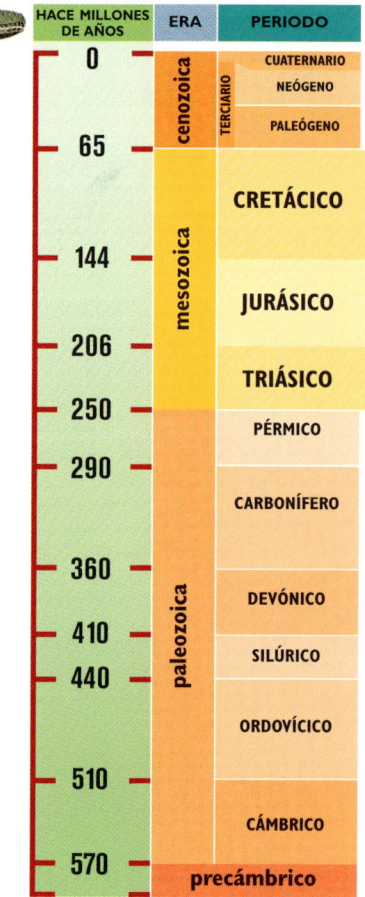

HACE MILLONES DE AÑOS	ERA	PERIODO
0	cenozoica	CUATERNARIO
		NEÓGENO
65		PALEÓGENO
	mesozoica	CRETÁCICO
144		JURÁSICO
206		TRIÁSICO
250	paleozoica	PÉRMICO
290		CARBONÍFERO
360		DEVÓNICO
410		SILÚRICO
440		ORDOVÍCICO
510		CÁMBRICO
570		precámbrico

introducción | 25

dinosaurios de cuatro patas

shunosaurus

dinosaurios de cuatro patas

El *Shunosaurus* (Lagarto Shu), originario de China, fue un saurópodo de mediados del Jurásico. Todos los saurópodos eran grandes animales herbívoros de cuatro patas, que existieron desde finales del Triásico hasta finales del Cretácico. Junto con los prosaurópodos, pertenecen al grupo de los denominados sauropodomorfos; dinosaurios saurisquios con el pubis hacia adelante.

- Los saurópodos evolucionaron de antecesores bípedos que alargaron las extremidades delanteras hasta tocar el suelo para soportar su propio peso. El hueso superior del brazo del *Shunosaurus* alcanzaba apenas las dos terceras partes del fémur.

- El *Shunosaurus*, 10 m aproximados de longitud, era un saurópodo pequeño comparado con los gigantes que aparecieron después como el *Braquiosaurio* (véanse páginas 34 y 35). Los brazos y piernas debajo del cuerpo actuaban como pilares de apoyo.

- Tenía cuello y cola largos, cabeza pequeña y cuerpo macizo. Algunas veces los últimos huesos de la cola se fusionaban para configurar un garrote óseo y los fuertes músculos de esa zona lo ayudaban a menear para asustar a los depredadores.

- Tal vez los saurópodos tenían un "modo de andar simétrico"; es decir, el brazo o pierna izquierda se movía medio paso atrás del brazo o pierna derecha. Cada pata delantera seguía a la trasera del mismo lado del cuerpo, como caminan elefantes y rinocerontes.

MEDIADOS DEL JURÁSICO

● Las patas traseras de los saurópodos dejaron huellas en forma de círculo debido a una almohadilla de tejido fibroso que sostenía el tobillo levantado, proporcionaba apoyo a la pata y le ayudaba a "elevarla", ahorrando así energía.

● Pese a su tamaño, todos los saurópodos eran digitígrados y caminaban sobre los dedos de patas y manos. Al igual que los saurópodos, los cinco dedos del *Shunosaurus* apuntaban hacia afuera durante el movimiento y no hacia adelante.

● Hubiera podido utilizar como arma la garra larga ubicada en el dedo pulgar, pero los otros dedos terminaban en cascos despuntados y no en garras afiladas.

● Los cinco dedos sostenían el peso con grandes garras en el primer y segundo dedos de la pata y con garras pequeñas o sin ellas en los tres restantes. Las garras de los dedos también apuntaban hacia afuera y no adelante.

diplodocus

dinosaurios de cuatro patas

El *Diplodocus* (doble haz) fue un famoso saurópodo de finales del Jurásico; trasladaba su cuerpo de 15 toneladas por las áreas occidentales de Norteamérica hace aproximadamente 150 millones de años. Cuando tenía el cuello y la cola extendidas alcanzaba una longitud de 27 m ¡más largo que una cancha de tenis!

- El *Diplodocus* tenía cola y cuello muy largos y cráneo diminuto. El cuerpo era corto y compacto y la cola y cuello caídos.

- Los científicos calculan que los músculos de la espalda, ubicados entre las espinas en forma de V, apenas podían mantener la cabeza levantada, que estaba cerca del suelo porque las patas traseras eran más largas que las delanteras.

- El *Diplodocus* caminaba sobre los dedos de patas y manos; sus extremidades, ubicadas debajo del cuerpo, tenían los huesos largos más verticales que el *Shunosaurus*, es decir muñecas y tobillos alejados del suelo.

- Los huesos superiores de la mano estaban organizados en un arco que producía una huella en forma de U al revés. Los huesos de los dedos de patas y manos se redujeron hasta ser muñones cortos, terminados en garras o cascos despuntados.

228 225 220 215 210 205 200 195 190 185 180 175 170 165 160 155 150

FINALES DEL JURÁSIC

diplodocus | 31

- Los dientes en forma de lápices sobresalían por el frente de la mandíbula, lo que sugiere que el *Diplodocus* comía hojas, frutas y semillas de arbustos, helechos y árboles, pero no podía triturarlos; para hacerlo, almacenaba piedras en el estómago.

- Debido a que el *Diplodocus* soportaba el 75% del peso corporal total sobre las patas traseras, pudo haberse erguido haciendo equilibrio con la cola. Es probable que levantara la cabeza durante periodos breves para alcanzar las ramas más altas.

- El *Diplodocus* no podía correr e incluso es posible que no pudiera caminar rápido. Se ha calculado que su velocidad al caminar era de 11,5 km/h.

- A pesar de su lentitud, el *Diplodocus* utilizaba un arma poco usual contra los depredadores: los fuertes músculos de la base de la cola agitaban en el aire los huesos pequeños ubicados al final de ésta, tan rápido que sonaban como un latigazo.

| 140 | 135 | 130 | 125 | 120 | 115 | 110 | 105 | 100 | 95 | 90 | 85 | 80 | 75 | 70 | 65 MILLONES DE AÑOS |

camarasaurio
dinosaurios de cuatro patas

El *Camarasaurio* (lagarto de cámaras) fue uno de los dinosaurios más abundantes en las planicies de inundación del occidente norteamericano a finales del Jurásico (entre 159 hasta hace 144 millones de años). Vivía junto con el *Diplodocus* y aunque ambos eran saurópodos herbívoros de cuatro patas, las diferencias existentes en cuanto a cráneo y forma de los dientes indica que se alimentaban de diferentes tipos de plantas.

- El *Camarasaurio* medía hasta 20 m de longitud. Era un dinosaurio saurópodo relativamente pequeño y hubiera podido caer presa de grandes terópodos carnívoros como el *Alosaurio*.

- Las piernas y brazos semejantes a columnas se movían medio paso fuera de fase de manera que mientras se levantaba la pata trasera al final de la zancada, la pata delantera se colocaba en el suelo para iniciar el siguiente paso.

- La espalda era casi horizontal ya que los huesos superiores de los brazos eran casi tan largos como los de los muslos. En saurópodos como el *Diplodocus*, los brazos eran mucho más cortos que las piernas, y la espalda se inclinaba hacia los hombros.

- Los huesos del *Camarasaurio* eran mucho más gruesos que los del *Diplodocus*; entonces es probable que pesara hasta 20 toneladas más, a pesar de tener "cámaras" que reducían el peso en su columna vertebral.

| 228 | 225 | 220 | 215 | 210 | 205 | 200 | 195 | 190 | 185 | 180 | 175 | 170 | 165 | 160 | 155 | 150 |

FINALES DEL JURÁSICO

camarasaurio | 33

● El *Camarasaurio* probablemente no podía pararse en sus patas traseras ya que los huesos más gruesos y las largas extremidades delanteras indicaban que la parte frontal del cuerpo era muy pesada como para poder levantarla del suelo.

● Las patas eran muy sólidas y tenían garras en los primeros tres dedos. Había sólo una garra en las manos ubicada en los pulgares. El cuello y la cola eran cortos en comparación con el estándar en los saurópodos, aunque eran muy gruesos.

● Las articulaciones de rótulas de la base del cuello ayudaron a que el *Camarasaurio* levantara la cabeza hasta 8 m del suelo, pero las largas costillas traslapadas en el cuello le restringían el movimiento de lado a lado.

● El *Camarasaurio* tenía una cola corta y un cráneo grande lleno de dientes fuertes y entrelazados que podían cortar ramas gruesas. Vivía en bosques coníferos abiertos donde se encontraban por doquier plantas alimenticias duras.

140　135　130　125　120　115　110　105　100　95　90　85　80　75　70　65 MILLONES DE AÑOS

braquiosaurio
dinosaurios de cuatro patas

El *Braquiosaurio* fue otro de los gigantes de finales del Jurásico que era más grande que un edificio de cuatro pisos y pesaba entre 35 y 50 toneladas. Fue el único saurópodo con brazos más largos que las piernas y de ahí su nombre, que significa "lagarto de brazos".

- El *Braquiosaurio*, con sus largas patas delanteras y su cuello erguido, ha sido comparado con una jirafa de gran tamaño. Tan sólo su cuello tenía 9 m de longitud y podía levantar la cabeza por lo menos 11,5 m para alcanzar los árboles.

- El corazón del *Braquiosaurio* debía ser muy potente para bombear sangre hasta tal altura y los vasos sanguíneos de los músculos y válvulas especiales en un solo sentido probablemente ayudaban a que la sangre llegara al cerebro.

- Los *Braquiosaurios* modificaron su esqueleto para reducir el peso. Los huesos del cuello y las costillas se llenaban con bolsillos de aire para aligerar la carga. También, el cuerpo era muy estrecho y la cola corta.

- De manera poco usual para un saurópodo, el *Braquiosaurio* soportaba casi la mitad de su peso corporal en las extremidades delanteras (brazos) y es probable que no pudiera levantarse sobre las traseras. Cada dedo pulgar tenía una garra pequeña.

| 228 | 225 | 220 | 215 | 210 | 205 | 200 | 195 | 190 | 185 | 180 | 175 | 170 | 165 | 160 | 155 | 150 |

FINALES DEL JURÁSICO

braquiosaurio | 35

● Al comienzo de una zancada, una vez los brazos iban hacia adelante, los codos se flexionaban antes de ubicarse debajo del cuerpo al final de cada paso. Es común que los animales grandes tengan las patas debajo del cuerpo para sostener el peso.

● Las patas traseras, semejantes a columnas para soportar el peso, eran huesos que sólo se doblaban hacia adelante y atrás como bisagras y los huesos largos estaban cerca del suelo apoyados en la gran almohadilla carnosa del talón.

● El tamaño y peso del *Braquiosaurio* indican que no podía correr y que apenas caminaba rápido; se calcula su velocidad máxima en 18 km/h, los adultos evadían ataques sólo con su monumental presencia.

● Es probable que explorara con su largo hocico dentro de coníferas llenas de hojas y ramas, en busca de comida que cortaba con sus dientes gruesos con punta de cincel. Los fuertes músculos del cuello mantenían la cabeza erguida.

| 140 | 135 | 130 | 125 | 120 | 115 | 110 | 105 | 100 | 95 | 90 | 85 | 80 | 75 | 70 | 65 MILLONES DE AÑOS |

saltasaurio
dinosaurios de cuatro patas

El *Saltasaurio* (lagarto de la provincia de Salta) perteneció a un grupo de saurópodos conocido como "titanosaurios" (lagartos gigantescos) que vivieron en todo el mundo, en especial durante el periodo Cretácico, pero el *Saltasaurio* sólo se le conoce desde finales del Cretácico en Argentina, Suramérica.

- Con 12 m de longitud, el *Saltasaurio* era un saurópodo relativamente pequeño, de unas 25 toneladas, que vivió hace 73-65 millones de años entre árboles y helechos de tierras bajas.

- Al igual que el *Diplodocus*, poseía una cola larga como látigo. Para defensa adicional, tenía en la espalda y a los lados unos escudos en hueso del tamaño de un plato y nódulos óseos del tamaño de una arveja; de cada vértebra del cuello le salían púas óseas.

- El *Saltasaurio*, al igual que muchos titanosaurios, sostenía sus patas ligeramente afuera del cuerpo. La fosa de la cadera apuntaba al lado y hacia abajo dando ángulo a todo el hueso del muslo (fémur) hacia el lado de la cadera.

- La articulación de la rodilla tenía una forma determinada para que la tibia, el peroné y los huesos largos del pie se mantuvieran verticales con respecto al suelo. Tenía cinco dedos, pero sólo los tres de la cara interior tenían garras.

saltasaurio | 37

- La caja torácica era muy amplia y el estómago grande en forma de barril, soportado por músculos dentro de las caderas, de las cuales salían espuelas huesudas hacia los lados y de donde también se adherían los músculos que halaban las patas hacia adelante.

- Los hombros también eran grandes y los brazos por lo general estaban ligeramente doblados en los codos. Las huellas del titanosaurio indican que no colocaba las manos tan alejadas como los pies. Los codos y rodillas eran muy flexibles.

- El *Saltasaurio* tenía el cuerpo y la base de la cola flexibles; ésta podía soportar el cuerpo en caso de que se levantara en sus patas traseras. Tal vez lo hacía para proteger a sus hijos o para alcanzar las hojas de las ramas altas.

- Las huellas indican que un titanosaurio como el *Saltasaurio* caminaba con cuidado sobre una superficie deslizante o en dos patas a 1,8 km/h. Al caminar en cuatro patas sobre una superficie normal alcanzaba los 18 km/h.

| 140 | 135 | 130 | 125 | 120 | 115 | 110 | 105 | 100 | 95 | 90 | 85 | 80 | 75 | 70 | 65 MILLONES DE AÑOS |

FINALES DEL CRETÁCICO

euoplocephalus
dinosaurios de cuatro patas

El *Euoplocephalus* (cabeza bien acorazada) fue un dinosaurio cuadrúpedo ornistiquio. Su cuerpo estaba cubierto de placas protectoras en hueso y en la punta de la cola tenía un mazo óseo. Vivió en los bosques de Norteamérica durante los últimos millones de años de los dinosaurios.

- El *Euoplocephalus* tenía una longitud de hasta 7 m y unas 2,5 toneladas de peso. La parte superior del cuerpo, incluidos el cuello y la cabeza, estaba cubierta por grandes placas de hueso fijas y cuernos cónicos óseos que lo hacían muy pesado.

- Utilizaba su pico y dientes simples para cortar plantas bajas que pasaban al intestino en forma de barril para la digestión. El estómago no podía contener mucha materia vegetal en fermentación, agitándose y haciendo ruido, lo cual agregaba peso al animal.

- El *Euoplocephalus* caminaba sobre patas y brazos cortos y fornidos para resistir doblarse bajo el peso de su grande y pesado cuerpo. Las huellas y evidencias anatómicas han demostrado que las patas estaban colocadas debajo del cuerpo.

- Las extremidades se mantenían rectas debajo del cuerpo; las traseras se movían en forma parasagital y las delanteras parecían doblar el codo hacia afuera cuando caminaba, lo mismo que los cuatro dedos con cascos que tenía.

- Los músculos de los brazos y piernas eran potentes, aunque no estaban diseñados para moverlos con rapidez, pero para ese volumen, el *Euoplocephalus* en realidad era ágil y se movía más como un rinoceronte que como la tortuga, a la que se asemeja.

- Podía moverse a 7 km/h y tal vez lograba un trote lento sostenido durante breves periodos. Por tanto, era más lento que algunos saurópodos y otros ornistiquios cuadrúpedos como el *Triceratops*.

- El *Euoplocephalus* había convertido el extremo de su cola en un mazo óseo. En la mayoría de los dinosaurios, el músculo caudofemoralis se utilizaba para halar el fémur hacia atrás al caminar, pero el *Euoplocephalus* también lo utilizaba para menear su mazo.

- Un golpe fuerte de la cola endurecida podría producir un daño grave en la parte inferior de las patas de un depredador hambriento como el *Tiranosaurio rex*. La armadura del cuerpo del *Euoplocephalus* también era una protección útil contra ataques.

140 | 135 | 130 | 125 | 120 | 115 | 110 | 105 | 100 | 95 | 90 | 85 | 80 | 75 | 70 | 65 MILLONES DE AÑOS

FINALES DEL CRETÁCICO

estegosaurio
dinosaurios de cuatro patas

El *Estegosaurio* (lagarto techado) es famoso por sus grandes placas óseas alineadas a lo largo de su espalda y cola. Vivió a finales del Jurásico en Norteamérica hace casi 146 millones de años y alcanzó una longitud de 9 m y un peso de hasta 2 toneladas.

- Las placas más largas medían 1 m, pero eran muy delgadas y suaves como para actuar de armadura útil. Es posible que fueran un sistema de clasificación de machos. El *Estegosaurio* con las mejores placas asumía el liderazgo sobre el resto del grupo.

- Las placas también hubieran podido utilizarse para controlar la temperatura del cuerpo, debido a que contenían una red de vasos sanguíneos. Cuando pasaba cerca de la superficie, la sangre podía calentarse con el sol, o enfriarse con la brisa.

- Las extremidades eran como pilares debajo del cuerpo. Las traseras, mucho más largas que las potentes delanteras, tenían el fémur particularmente largo. Su velocidad era de 6 a 7 km/h, la misma de los humanos al caminar.

- Los huesos de sus extremidades traseras eran más delgados que los de las delanteras, aunque el 80% de su peso descansaba sobre las patas traseras. La pequeña cabeza se mantenía cerca del suelo.

FINALES DEL JURÁSICO

estegosaurio | 41

● Debido a que las patas eran tan largas y a que el centro de la masa se equilibraba alrededor de las caderas, es probable que el *Estegosaurio* se levantara sobre sus dos patas traseras desde donde podía alcanzar plantas y árboles de 6 m de altura.

● Sin embargo, el *Estegosaurio* vivió en época de saurópodos gigantes como el *Camarasaurio* y el *Braquiosaurio*, que posiblemente se alimentaban de las ramas altas y dejaban las partes bajas de las plantas y los helechos para los *Estegosaurios*.

● Los *Estegosaurios* tenían una cola muscular flexible y cuatro púas afiladas en la punta. Podía agitar su cola de lado a lado gracias a los músculos modificados de las patas.

● Ante un ataque, el *Estegosaurio* pudo haber utilizado sus largas extremidades traseras y las cortas delanteras para girar con rapidez el cuerpo y ubicar mejor la cola espinosa para atacar las patas largas y débiles de enemigos como el *Alosaurio*.

140　135　130　125　120　115　110　105　100　95　90　85　80　75　70　65　MILLONES DE AÑOS

dinosaurios de cuatro patas
triceratops

El *Triceratops* (cara de tres cuernos) vivió entre los últimos dinosaurios a finales del periodo Cretácico de 68 hasta hace 65 millones de años. Sus restos se encuentran en el occidente de Norteamérica y Canadá, donde vivió en las planicies costeras a lo largo de las playas de un antiguo mar interior.

- El *Triceratops* es uno de los dinosaurios más conocidas. Su cola era muy corta porque no necesitaba hacer contrapeso al cuerpo. Era un animal grande en forma de barril, llegaba a pesar hasta 6 toneladas y medía 9 m de largo.

- El cráneo de 2 m de longitud era muy pesado y tenía una aleta que se extendía por encima del cuello y tres cuernos óseos que tal vez utilizaba como defensa o para pelear por otras hembras, como lo hacen los venados.

- El cráneo grande indicaba que las extremidades delanteras soportaban más del 50% del peso del animal; por lo general, las traseras realizaban el mayor esfuerzo, estaban debajo del cuerpo, eran robustas y más largas que las delanteras.

- Los científicos no están seguros sobre como el *Triceratops* movía las patas delanteras. Algunos piensan que el húmero estaba al lado del cuerpo y que los codos se flexionaban. Existe evidencia de que los músculos del pecho ayudaron a esta postura.

| 228 | 225 | 220 | 215 | 210 | 205 | 200 | 195 | 190 | 185 | 180 | 175 | 170 | 165 | 160 | 155 | 150 |

triceratops | 43

● Sacar las extremidades hacia los lados mantenían estable el cuerpo al pelear con los cachos. En esta posición el *Triceratops* podía correr, pero no galopar y alcanzaba una velocidad máxima de 26 km/h.

● Otros investigadores argumentan que la caja torácica era más estrecha de lo que se ha reconstruido y que las patas estaban debajo del cuerpo, que mantenía las articulaciones de codos y hombros bien entrelazadas. El codo se doblaba un poco.

● Los investigadores en favor de una posición más erguida argumentan que los lagartos con patas a los lados mueven su columna vertebral de lado a lado con cada paso, pero los *Triceratops* no podían porque su columna vertebral estaba bien unida.

● Los *Triceratops* consumían una vegetación más dura como palmas y helechos. Utilizaban su pico puntudo para arrancar tallos y ramas, que después eran triturados con hileras de dientes afilados.

| 140 | 135 | 130 | 125 | 120 | 115 | 110 | 105 | 100 | 95 | 90 | 85 | 80 | 75 | 70 | 65 MILLONES DE AÑOS |

FINALES DEL CRETÁCICO

dinosaurios de dos y cuatro patas

plateosaurio

dinosaurios de dos y cuatro patas

El *Plateosaurio* (lagarto plano) fue uno de los primeros dinosaurios realmente grandes, 8 m de largo, y de los primeros saurisquios. Pertenece al grupo de los prosaurópodos, que estaban muy relacionados con los saurópodos. Los *Plateosaurios* vivieron hace 220 millones de años, no mucho después de la aparición de los dinosaurios.

- El *Plateosaurio* fue uno de los primeros dinosaurios herbívoros que vivió en las exuberantes planicies de inundación de Europa y Groenlandia, donde la vegetación era abundante. Caminaba en cuatro patas y se alimentaba de plantas bajas.

- El *Plateosaurio* tenía una cabeza pequeña con dientes como de serrucho para triturar las plantas, que algunos científicos pensaron que utilizaba para cortar carne, pero el estómago grande en forma de barril indica que allí fermentaba las plantas.

- La cola era larga y pesada en la base y las extremidades eran potentes. Debido a que las traseras eran más largas que las delanteras y al equilibrio con la cola, tal vez se paraba en las patas traseras para alimentarse de las copas de los árboles.

- Los prosaurópodos más pequeños podían correr suavemente sobre sus patas traseras; los más grandes, como los *Plateosaurios*, sólo lo hacían por periodos breves. Parados en dos patas, la cabeza podía llegar a una altura de 3 a 4 m del suelo.

| 228 | 225 | 220 | 215 | 210 | 205 | 200 | 195 | 190 | 185 | 180 | 175 | 170 | 165 | 160 | 155 | 150 |

FINALES DEL TRIÁSICO

plateosaurio | 47

- El movimiento de las extremidades era parasagital, los muslos se inclinaban y sobresalían un poco del cuerpo, el ilion (hueso de la cadera) era corto, los músculos que movían las piernas estaban bien desarrollados. Manos y patas eran largas, grandes y servían de apoyo.

- Tenía cuatro dedos con garras en las patas y cinco en las manos. Los dos exteriores eran reducidos en tamaño y los primeros tres tenían garras angostas. La garra del pulgar era grande y debía mantenerla lejos del suelo durante el movimiento.

- El *Plateosaurio* tal vez usaba las garras para rasgar raíces, insectos y enganchar ramas mientras se hallaba parado en sus patas traseras. La del pulgar quizá la utilizaba como arma contra los depredadores como el *Saurosuchus*, semejante al cocodrilo.

- El *Plateosaurio* era capaz de trotar a 18 km/h aproximadamente. Debido a que tenía una espalda larga, pudo trasladarse en sus cuatro patas y quizá mover las extremidades delanteras y traseras a la vez, como los guepardos y algunos perros de hoy día.

140 135 130 125 120 115 110 105 100 95 90 85 80 75 70 65 MILLONES DE AÑOS

iguanodón
dinosaurios de dos y cuatro patas

El *Iguanodón* fue un dinosaurio herbívoro de comienzos del Cretácico que vivió en Europa, Asia y Norteamérica. Parece que prefería las planicies bajas fértiles, entrecruzadas por ríos y corrientes. Allí podía encontrar árboles gigantes, helechos, coníferas, colas de caballo y cicadáceas para comer.

- El *Iguanodón* perteneció al grupo de los dinosaurios conocido como "ornitópodos". Todos los ornitópodos eran ornistiquios con el pubis en la cadera que apuntaba hacia atrás.

- Los rastros indican que también podía caminar en cuatro patas y que, o sus brazos se doblaban un poco hacia afuera en el codo en comparación con sus patas traseras, o el cuerpo era más ancho en el pecho que en las caderas.

- La columna vertebral se sostenía horizontalmente acercando los brazos más al suelo, de manera que el *Iguanodón* podía caminar en dos o en cuatro patas. La cola también estaba en posición horizontal alejada del cuerpo y por encima del suelo.

- Con la cabeza como la del caballo y la cola pesada, era probable que el cuerpo se combara sobre las caderas, pero varillas óseas fortalecían la columna. Las patas, más largas que los brazos, sostenían el cuerpo. Tenían tres dedos que terminaban en un casco óseo largo.

| 228 | 225 | 220 | 215 | 210 | 205 | 200 | 195 | 190 | 185 | 180 | 175 | 170 | 165 | 160 | 155 | 150 |

iguanodón | 49

● Los brazos medían tres cuartas partes del largo de las patas. Los tres dedos del medio de la mano tenían cascos despuntados y se doblaban hacia atrás para sostener el cuerpo al caminar en cuatro patas. El quinto dedo era delgado y flexible.

● El pulgar no podía tocar los otros dedos de la mano y se mantenía inclinado hacia el lado. El extremo se modificó y convirtió en una espina cónica prolongada que utilizaba como arma. Los depredadores como el *Neovenator* debían cuidarse al atacar.

● El *Iguanodón* alcanzó entre 9 y 10 m de longitud y pesaba hasta 2 toneladas. Los investigadores han calculado que podía trasladarse a 11,16 km/h. Posiblemente deambulaba por el campo en grandes manadas.

● Primero los científicos pensaron que el *Iguanodón* era torpe, como un rinoceronte, al caminar en cuatro patas, luego, cuando en Bélgica se encontraron cientos de esqueletos, creyeron erróneamente que andaba erguido con la cola apoyada en el suelo.

| 140 | 135 | 130 | 125 | 120 | 115 | 110 | 105 | 100 | 95 | 90 | 85 | 80 | 75 | 70 | 65 MILLONES DE AÑOS |

COMIENZOS DEL CRETÁCICO

maiasauria

dinosaurios de dos y cuatro patas

La *Maiasauria* (lagarto buena madre) fue un dinosaurio con pico aplanado. Era una herbívora amable que cuidaba a sus hijos en los terrenos bien resguardados donde anidaba. Estas áreas se podían encontrar entre 80 a 73 millones de años atrás en las partes occidentales de Norteamérica.

- Se han descubierto fósiles de *Maiasauria* de todas las edades, desde bebés recién nacidos hasta adultos desarrollados. Con estos fósiles, los científicos han investigado cuánto tiempo pasaban los bebés *Maiasaurios* en el nido y qué tan rápido crecían.

- Durante la incubación, los bebés tenían 50 cm de longitud, huesos delgados, extremidades muy largas y débiles, columna vertebral arqueada y cuello en forma de U semejante al de los adultos. Las patas débiles les impedían caminar o correr.

- Los bebés *Maiasauria* no podían recolectar alimento; sin embargo, sus dientes estaban desgastados, lo que indicaba que comían plantas duras, suministradas por un padre atento. En los nidos se han encontrado hojas, semillas y frutas fosilizadas.

- La cría permanecía en el nido hasta por 2 meses. Los bebés crecían muy rápido, duplicaban su longitud en tan sólo cuatro semanas. Las patas se volvían más fuertes y las caderas formaban una fuerte conexión con la columna vertebral.

- Es probable que la *Maiasauria* joven se aventurara a alejarse del nido, en busca de alimento, bajo vigilancia de uno de los padres. Cuando alcanzaba aproximadamente 1,5 m ya estaba lista para abandonar el nido y unirse a la manada.

- Crecía muy rápido hasta los dos años de edad, cuando tenían ya cerca de 3 m de longitud. Llegaba a la edad adulta alrededor de los cuatro a seis años. Las extremidades eran cortas y robustas y las patas más largas que los brazos.

- La *Maiasauria* caminaba en cuatro patas, y alcanzaba una longitud de 6 a 8 m; sin embargo, era probable que utilizara sólo dos patas para moverse con rapidez, entre 14 y 20 km/h.

- La *Maiasauria* al parecer cada año regresaba a anidar al mismo lugar, hasta con 10.000 animales más. Cuando los jóvenes eran lo suficientemente fuertes debían migrar a otros bosques para asegurar el alimento de la manada.

FINALES DEL CRETÁCICO

dinosaurios de dos patas

hipsilofodóntido

dinosaurios de dos patas

El *Hipsilofodóntido* (dientes protuberantes) fue un pequeño dinosaurio de comienzos del Cretácico, bípedo, herbívoro y veloz que vivió en Inglaterra, España y es posible que en Norteamérica entre 125 hasta hace 119 millones de años.

- Recibe su nombre por sus dientes protuberantes en forma de hoja. Las bolsas de las mejillas evitaban que el alimento cayera mientras que los agudos dientes entrelazados cortaban plantas duras. Tenía pico para mordisquear raíces y retoños.

- El *Hipsilofodóntido* llegó a una longitud máxima de 2 m y pesaba sólo 25 kg, casi lo mismo que un perro de tamaño mediano. La forma del esqueleto indica que fue un dinosaurio liviano diseñado para la velocidad.

- Sus brazos eran muy cortos y los cinco dedos estaban adaptados para arrancar retoños y tallos y no para correr, eso sólo lo hacía sobre las patas traseras, que eran largas, esbeltas y livianas.

- Las longitudes de los huesos de muslos, canillas y dedos indican que era cursorípedo. Los huesos de las patas eran alargados. Los músculos de los muslos garantizaban que las patas pudieran moverse hacia atrás y adelante con rapidez y potencia.

| 228 | 225 | 220 | 215 | 210 | 205 | 200 | 195 | 190 | 185 | 180 | 175 | 170 | 165 | 160 | 155 | 150 |

hipsilofodóntido | 55

- El *Hipsilofodóntido* tal vez alcanzaba los 32 km/h. Esto lo convertía en un corredor muy rápido, aunque sólo por períodos cortos pero lo suficientes como para escapar de los depredadores como el carnívoro inglés *Altispinax*.

- Su cuerpo permanecía cerca del suelo y equilibraba con cuidado sus caderas mediante una cola larga.

- La cola permanecía rígida y funcionaba como timón, cuando el *Hipsilofodóntido* cambiaba con rapidez de dirección. También era estabilizador y equilibraba al animal mientras corría o estaba en suelos accidentados.

- Los científicos han comparado al *Hipsilofodóntido* con un antílope pequeño, como la gacela africana. Se alimentaban igual de retoños y utilizaban la velocidad en lugar de su tamaño o una armadura para escapar de los depredadores.

OMIENZOS DEL CRETÁCICO

paquicefalosaurio
dinosaurios de dos patas

El *Paquicefalosaurio* (reptil de cabeza gruesa) fue un dinosaurio herbívoro que vivió en los bosques de Norteamérica a finales del periodo Cretácico, entre 68 a 65 millones de años atrás. Su característica más distintiva era un enorme domo en la parte superior de su cabeza.

- Los científicos han especulado sobre la función del domo formado por un hueso sólido de 25 cm de grosor, quizá no se utilizaba como protección. Todo el cuerpo estaba libre de armaduras óseas y listo para atacar.

- Los domos de formas diferentes permitieron que los dinosaurios con huesos distintos en la cabeza reconocieran a los miembros de sus propias especies, pero ésta es tan sólo una teoría.

- La mayoría de los investigadores está de acuerdo en que el domo era utilizado en peleas entre miembros de la misma especie, para concursar por el rango y acceder a las hembras, como sucede con las ovejas y cabras de hoy.

- Durante las peleas, el *Paquicefalosaurio* mantenía su columna vertebral en posición horizontal. La cabeza estaba fija al cuello de manera que el domo quedara justo de frente y hacia adelante como un ariete.

| 228 | 225 | 220 | 215 | 210 | 205 | 200 | 195 | 190 | 185 | 180 | 175 | 170 | 165 | 160 | 155 | 150 |

paquicefalosaurio | 57

● Una vez que localizaba el objetivo con los ojos, el *Paquicefalosaurio* corría hacia su rival, a velocidades de hasta 14,5 km/h.

● El cuerpo, diseñado para evitar daños al golpear con la cabeza al rival, tenía cuello corto, fuerte y grueso, varillas óseas rígidas a lo largo de la columna y vértebras construidas para prevenir que ésta se torciera.

● Era totalmente bípedo: las piernas eran mucho más largas que los brazos. Al caminar normalmente, el cuello se doblaba hacia arriba y la cabeza miraba adelante.

● La cola era larga y rígida y servía para hacer contrapeso a la cabeza. Las caderas eran grandes de manera que las patas quedaban separadas en el suelo, manteniendo la estabilidad del animal, muy útil durante las peleas.

| 140 | 135 | 130 | 125 | 120 | 115 | 110 | 105 | 100 | 95 | 90 | 85 | 80 | 75 | 70 | 65 MILLONES DE AÑOS |

FINALES DEL CRETÁCICO

herrerasaurio
dinosaurios de dos patas

El *Herrerasaurio* (lagarto de Herrera) fue un dinosaurio carnívoro que habitó en lo que ahora se conoce como noroccidente de Argentina, Suramérica. Viene de finales del periodo Triásico hace 228 millones de años, lo que hace de él uno de los primeros dinosaurios conocidos.

- Pertenece a un grupo pequeño de dinosaurios primitivos; ¡tanto que algunos científicos consideran que no lo era del todo! Ofrece una muy buena idea de cómo eran los primeros dinosaurios y sus antecesores directos.

- El *Herrerasaurio* era bípedo. De hecho, el antecesor de todos los dinosaurios (saurisquios y ornistiquios) fue una criatura bípeda; tenía brazos muy cortos de los cuales las manos conformaban una gran parte.

- Tenían cinco dedos en cada mano, los tres primeros con garras y los otros muy pequeños. Los saurisquios podrían haber estado relacionados con ellos. En razón a que los huesos de las extremidades eran huecos, se piensa que fue un terópodo.

- Una característica de todos los dinosaurios es que los tres huesos de la cadera, el ilion, el isquion y el pubis no se encuentran del todo en el centro de la cadera, dejando una abertura dentro de la cual encaja la cabeza del hueso del muslo (fémur).

| 228 | 225 | 220 | 215 | 210 | 205 | 200 | 195 | 190 | 185 | 180 | 175 | 170 | 165 | 160 | 155 | 150 |

FINALES DEL TRIÁSICO

herrerasaurio | 59

● Las caderas del *Herrerasaurio* tienen esta abertura característica, aunque aún se debate si estaba formada o no en su totalidad. Sus patas no estaban debajo de su cuerpo como pilares, sino un poco inclinadas hacia afuera.

● Las patas tenían cinco dedos largos. El primero y el último se redujeron hasta el punto en que el primer dedo escasamente tocaba el suelo y el quinto dedo no lo hacía.

● El *Herrerasaurio* vivió en bosques húmedos, rodeado de ríos, lagos y ciénagas. Utilizó sus manos para agarrar, sus dientes afilados, curvos y aserrados y una mandíbula inferior flexible para atrapar y comer presas como el *Rincosaurio* semejante a un cerdo.

● Es probable que no fuera un corredor rápido, aunque el ser bípedo le daba agilidad. Alcanzó un tamaño de 3 a 5 m de largo, pesaba entre 250 y 300 kg y sus patas medían cerca de 1m.

140 135 130 125 120 115 110 105 100 95 90 85 80 75 70 65 MILLONES DE AÑOS

celofísido

dinosaurios de dos patas

El *Celofísido* (forma hueca) vivió a finales del Triásico entre 227 hasta hace 223 millones de años. Se han encontrado sus huesos en el occidente de Norteamérica y las que pudieran ser sus huellas fueron halladas en rocas lejanas al este de Groenlandia.

- El *Celofísido* era bípedo, carnívoro, se alimentaba de lagartos, insectos y peces. Medía hasta 3 m de longitud, pero debido a que sus huesos eran huecos y de paredes delgadas, pudo haber pesado tan sólo 15 a 30 kg.

- Por las huellas preservadas en barro, los científicos pudieron detectar que el *Celofísido* tenía cinco dedos en las patas, pero sólo utilizaba tres. El primero se mantenía en el suelo y el quinto se redujo a una pequeña púa de hueso.

- Al comienzo de una zancada, los tres dedos se desplegaban hacia afuera y al final de ésta, los tres dedos se unían de nuevo y se erguían manteniendo también levantados los huesos largos de la pata (metatarsos).

- Los metatarsos estaban fusionados entre sí y con pequeños huesos del tobillo. Otros huesos largos del tobillo denominados "astrágalo" y "calcáneo" estaban fusionados con la tibia para crear una articulación estable del tobillo semejante a una bisagra.

| 228 | 225 | 220 | 215 | 210 | 205 | 200 | 195 | 190 | 185 | 180 | 175 | 170 | 165 | 160 | 155 | 150 |

FINALES DEL TRIÁSICO

- Los huesos de la cadera estaban bien fusionados entre sí y uno de los músculos responsables de halar las patas hacia adelante durante el movimiento, era largo y potente.

- La tibia y el fémur eran largos, lo que significaba que el *Celofísido* definitivamente era cursorípedo y pudo haber alcanzado una velocidad máxima de 36 km/h. Es probable que el desplazamiento diario fuera mucho más lento.

- Utilizó la velocidad y agilidad para cazar, ayudado por un cuello largo y curvo, su cráneo con dientes afilados y manos aprehensoras. Tenía un primer dedo como pulgar, dos dedos con garras y dos más, que tan solo eran cabos de hueso.

- Infortunadamente, el *Celofísido* ponía dichas herramientas en un uso terrible: algunos fósiles de adultos tienen restos de *Celofísidos* jóvenes preservados en sus intestinos, lo que significa que estos dinosaurios eran caníbales.

carnotauro

dinosaurios de dos patas

El *Carnotauro* (toro carnívoro) era un dinosaurio bípedo carnívoro de 7,5 m. Vivió a mediados del periodo Cretácico en Argentina entre 113 hasta hace 91 millones de años. Recibió su nombre por el par de cuernos óseos que salían de su cráneo, semejantes a los de un toro.

- En el periodo Jurásico, Suramérica se separó de otros continentes del sur de Australia, África y Antártica. El *Carnotauro* existió en Suramérica mientras que sus parientes se han encontrado en sitios tan alejados como India y Madagascar.

- Pesaba hasta una tonelada y media 2,2 m a la altura de la cadera. Tenía un cráneo corto pero alto con dos cuernos robustos y despuntados que pudieron ser utilizados en peleas con otros machos o para hacer señales a las hembras.

- Vivió en planicies secas; sus patas largas y delgadas sugieren que era cursorípedo. Los tres dedos fuertes tocaban el suelo, mientras el primero quedaba elevado hacia un lado. El tobillo se mantenía lejos del suelo y el fémur era corto y fornido.

- La cola era larga y delgada. El ilion no se estiraba mucho hacia adelante y hacia atrás a lo largo de la columna como en algunos terópodos. Los músculos que extendían las rodillas y que halaban el fémur hacia adelante no estaban muy desarrollados.

carnotauro | 63

- Es probable que el *Carnotauro* fuera un corredor competente que alcanzar velocidades de 30 km/h.

- Tenía un hocico estrecho pero los ojos apuntaban ligeramente al frente, dándole el beneficio de una visión hacia adelante y no a los lados, para localizar la presa con cierta exactitud. Tácticas de emboscada y arranques de alta velocidad le ayudaron a cazar.

- El *Carnotauro* tenía cuatro dedos pero los brazos eran tan pequeños que no le servían para atrapar a sus presas. No obstante, el cráneo pudo haber sido flexible, permitiéndole envolver la víctima con sus mandíbulas.

- Los dientes largos y delicados y su rápida acción mandibular sugieren que pudo haberse alimentado de animales más pequeños y excavar en busca de animales muertos.

| 140 | 135 | 130 | 125 | 120 | 115 | 110 | 105 | 100 | 95 | 90 | 85 | 80 | 75 | 70 | 65 MILLONES DE AÑOS |

MEDIADOS DEL CRETÁCICO

megalosaurio

dinosaurios de dos patas

El *Megalosaurio* (lagarto grande) fue un dinosaurio terópodo que consumía carne. Sus restos se han encontrado en Inglaterra y Francia en rocas de mediados del periodo Jurásico hace aproximadamente 163 millones de años. Medía entre 7 y 9 m de longitud, caminaba en dos patas y pudo haber pesado más de 1,5 toneladas.

- En 1824 el *Megalosaurio* fue el primer dinosaurio descrito y nombrado científicamente. Cerca de Oxford, Inglaterra, se descubrieron huesos fosilizados, partes de mandíbula inferior con dientes, de columna vertebral, caderas y patas.

- Su nombre se debe a William Buckland, ministro de iglesia y científico de la Universidad de Oxford. Aún no se sabía de la existencia de los dinosaurios; los científicos creían que éste era un lagarto gigante de cuatro patas que vivía en la tierra.

- Tenía una cabeza grande con mandíbulas revestidas de dientes robustos y afilados, brazos cortos y fuertes terminados en una mano con tres dedos y largas patas con músculos con tres dedos y uno adicional en una garra afilada.

- Vivió alrededor de bosques a lo largo de la costa de un mar que cubrió parte de Inglaterra y Francia en ese entonces. Caminaba a casi 6,8 km/h, casi la misma velocidad que alcanza un humano al trotar lentamente.

| 228 | 225 | 220 | 215 | 210 | 205 | 200 | 195 | 190 | 185 | 180 | 175 | 170 | 165 | 160 | 155 | 150 |

MEDIADOS DEL JURÁSICO

megalosaurio | 65

- Las patas del *Megalosaurio* estaban separadas, es decir se extendían hacia los lados, algo poco usual para los dinosaurios porque implicaba grandes esfuerzos de flexión sobre los huesos de las patas, pero lo hacía más estable en dos patas.

- Sorprende que una de las series de huellas indica que irrumpía en carrera con una zancada que aumentaba de 2,7 m a 5,65 m y alcanzaba una velocidad de 29 km/h, un poco más lento que los velocistas humanos.

- Al correr, llevaba las piernas debajo del cuerpo y las patas apuntaban hacia adelante y no adentro, que era la posición para caminar. Es el único ejemplo conocido de un dinosaurio bípedo grande que utilizaba diferentes posiciones de las patas para moverse.

- No se conoce cuánto tiempo podía permanecer corriendo el *Megalosaurio*, ya que la serie de huellas mide tan sólo 35 m de longitud. No obstante, hasta el momento es el dinosaurio terópodo más grande, venciendo así al *T. rex* y al *Alosaurio*.

| 140 | 135 | 130 | 125 | 120 | 115 | 110 | 105 | 100 | 95 | 90 | 85 | 80 | 75 | 70 | 65 MILLONES DE AÑOS |

gigantosaurio
dinosaurios de dos patas

Medía hasta 14,5 m de longitud y pesaba cerca de ocho toneladas. El *Gigantosaurio* (lagarto gigante del sur) aterrorizaba a la mayor parte de los animales que trataban de vivir y de sobrevivir en las planicies de inundación de mediados del Cretácico del sur de Suramérica.

- Cuando fue descubierto en 1994, el terópodo bípedo *Gigantosaurio* superó al *T. rex* como el animal carnívoro de tierra más grande.

- Sus huesos en realidad estaban conformados de manera más liviana que los del *T. rex*; no obstante, cada pata, con tres dedos, soportaba más de cuatro toneladas de peso corporal en cada paso.

- El músculo caudofemoralis, el motor de la locomoción, se extendía desde el hueso del muslo (fémur) hasta la mitad de la cola. Cuando este músculo se contraía, la pata giraba hacia atrás y empujaba hacia adelante las caderas.

- No existen series de huellas para este dinosaurio, pero se han hecho cálculos teóricos sobre su velocidad. Algunos científicos dicen que el *Gigantosaurio* era casi tan atlético como un elefante. Si esto es cierto, podía caminar rápido, pero no correr.

| 228 | 225 | 220 | 215 | 210 | 205 | 200 | 195 | 190 | 185 | 180 | 175 | 170 | 165 | 160 | 155 | 150 |

- Otros científicos afirman que el *Gigantosaurio* podía alcanzar velocidades de hasta 50 km/h. Es mucha velocidad para un animal tan grande y puede significar que una caída hubiera podido provocarle lesiones serias o la muerte.

- La articulación de la cadera mide 3,7 m de longitud desde el suelo, lo que significa que podía dar zancadas muy largas y alcanzar una gran velocidad sin tener que correr.

- Los científicos en Argentina han descubierto restos de varios animales semejantes al *Gigantosaurio*. El grupo consta de dos individuos grandes y dos o tres más pequeños que pudieron ser una familia que cazaba en busca de alimento.

- Una jauría de *Gigantosaurios* podía atacar enormes saurópodos acorazados, como el *Argentinosaurio* de 100 toneladas, con sus cráneos de 1,8 m de largo equipados con dientes cortantes e irregulares para partir sus presas.

MEDIADOS DEL CRETÁCICO

baryonyx

dinosaurios de dos patas

A comienzos del Cretácico, hace aproximadamente 125 millones de años, un gran sistema de planicies de inundación y de ríos cruzaba el sureste de Inglaterra. La tierra era pantanosa y el clima subtropical y el *Baryonyx*, un dinosaurio grande, carnívoro y bípedo (garra pesada) vivió allí.

- El *Baryonyx* fue un dinosaurio terópodo "tetanuránido". Tenía hasta 12 m de largo y pesaba entre 1,5 y 2 toneladas en la edad adulta. Soportaba su cuerpo sobre piernas macizas que terminaban en patas digitígradas de tres dedos.

- Las piernas no estaban configuradas para grandes velocidades y no indican ninguna adaptación especial. Sólo cuando se considera el resto del cuerpo, en especial el cráneo y los brazos, se hace evidente que el *Baryonyx* era un dinosaurio poco usual.

- A diferencia de otros terópodos tetanuránidos como el *Alosaurio* y el *T. rex*, éste atacaba a otros por comida, sino que enganchaba un delicioso pescado de un río con sus garras u olfateaba un animal recién muerto para comer.

- Su cerebro era largo, bajo y estrecho como el de un cocodrilo. Los dientes eran estaquillas como cuchillos y tenían el doble en la mandíbula inferior y unos más largos en círculo que sobresalían.

- Levantaba los peces con las mandíbulas o los agarraba utilizando los hombros y brazos de increíble fuerza. A comienzos del Cretácico, los peces podían alcanzar hasta 3 m; una fuente alimenticia excelente para un animal grande como el *Baryonyx*.

- Las grandes garras hasta de 30 cm en el primer dedo semejante al pulgar lo ayudaban a atrapar los peces. Se encontraron escamas de pescado y dientes dentro de la caja torácica del *Baryonyx* como prueba.

- También se encontraron huesos de *Iguanodón* en el estómago. De hecho, sus orificios nasales estaban más atrás de lo normal; así podía cenar un animal muerto o mantener su hocico bajo el agua y seguir respirando.

- Para encontrar un animal muerto necesitaba resistencia y no velocidad; así que tal vez no era rápido. Los científicos a veces tienen que observar más allá de la forma de las patas y caderas para tener una idea sobre cómo se movían los dinosaurios.

COMIENZOS DEL CRETÁCICO

compsognathus
dinosaurios de dos patas

No todos los dinosaurios eran grandes. El *Compsognathus* (mandíbula elegante), un dinosaurio bípedo de finales del Jurásico sólo alcanzó el tamaño de un pavo. Hace 150 millones de años este pequeño dinosaurio se podía encontrar correteando por la vegetación baja a lo largo de la playa de una antigua isla desierta de Europa.

- Tenía 1,4 m de largo, apenas 23 cm a la altura de la cadera y pudo haber pesado tan sólo 3 kg. Pese a su tamaño, era cursorípedo, de esqueleto pequeño, liviano y los huesos de las extremidades eran huecos y de paredes delgadas.

- Fue uno de los primeros miembros de los dinosaurios terópodos llamado "celurosaurio" o lagartos de cola hueca.

- El tobillo estaba lejos del suelo y la pata era muy grande. Los músculos utilizados para moverse estaban bien desarrollados. Como la mayoría de los terópodos, tenía tres dedos y uno pequeño levantado. Una cola larga y esbelta le ayudaba a equilibrarse.

- El *Compsognathus* era un corredor veloz para su tamaño, alcanzaba velocidades de hasta 16 km/h. De hecho, los más ágiles de todos los dinosaurios probablemente eran criaturas pequeñas bípedas como el *Compsognathus*.

FINALES DEL JURÁSIC

- Como era pequeño, podía cambiar rápidamente de paso a trote o a carrera a una velocidad baja. Para mantenerse corriendo, necesitaba dar cerca de cuatro zancadas por segundo.

- Tenía un cráneo largo lleno de pequeños dientes afilados; se alimentaba de insectos, mamíferos pequeños y otros vertebrados. Un fósil *Compsognathus* preservó los restos de su última cena: un diminuto lagarto llamado *Bavarisaurio*.

- Para atrapar a los lagartos veloces, necesitaba una combinación de aceleración, vista aguda y reacciones rápidas. Su pequeño tamaño, estructura liviana y patas rápidas junto con la capacidad para correr a poca velocidad beneficiaron su agilidad.

- Era probable que el *Compsognathus* pudiera comenzar a correr a partir de una posición de reposo y alcanzar rápidamente una gran velocidad, mientras que esquivaba obstáculos con facilidad.

sinosauropteryx
dinosaurios de dos patas

El *Sinosauropteryx* (ala de lagarto chino) vivió a comienzos del Cretácico entre 125 hasta hace 119 millones de años en el noreste de China. Es el primer dinosaurio terópodo que poseía estructuras semejantes a plumas en su cuerpo. Sólo unos cuantos fósiles se han hallado en lo que fue un lago, donde las corrientes suaves y las pequeñas elevaciones de arena y barro ayudaron a preservar filamentos de plumas con algo de detalle.

● El *Sinosauropteryx* fue un terópodo bípedo pequeño de casi 1 m de largo, que pesaba sólo entre 3 y 5 kg. Tenía hocico diminuto revestido con dientes afilados que indican que su dieta se componía de insectos, lagartos y mamíferos pequeños.

● Vivió a comienzos del Cretácico en Asia, aunque fue semejante en tamaño y forma al terópodo *Compsognátido* que existía en Europa a finales del Jurásico. Ambos dinosaurios tenían brazos cortos, cola larga y cráneo fino.

● Es probable que fuera ágil, rápido y que recorriera las playas de los lagos en busca de su presa. En el estómago de un *Sinosauropteryx* se encontraron huesos de mandíbula de un mamífero primitivo; quizá fue su última cena antes de morir.

● Las plumas del *Sinosauropteryx* no se utilizaban para volar. De hecho, no servían para lograr algún tipo de elevación. Las plumas de las aves modernas están formadas de filamentos fuertes en forma de ramas entrelazadas firmemente.

| 228 | 225 | 220 | 215 | 210 | 205 | 200 | 195 | 190 | 185 | 180 | 175 | 170 | 165 | 160 | 155 | 150 |

- Las plumas del *Sinosauropteryx* estaban compuestas principalmente de una colcha central hueca con unos pocos filamentos no entrelazados de los que se desprendían ramas a partir de la estructura central.

- Las plumas de las aves difieren en tamaño y forma en el cuerpo. Las del *Sinosauropteryx* eran aterciopeladas y se extiendían todas iguales en tramos a lo largo de la espalda, cuello e incluso de la cabeza, como el estilo de pelo mohicano.

- Las plumas aterciopeladas ayudan a las aves a permanecer calientes y es probable que tuvieran la misma función en los *Sinosauropteryx*. Los científicos han sugerido llamarlas "protoplumas", debido a que son las precursoras de las plumas modernas.

- Es interesante observar que hay muchos dinosaurios terópodos, como el *T. rex* y el *Velocirraptor*, que están más relacionados con las aves que el *Sinosauropteryx*. Quizás, un *T. rex* bebé estaba cubierto por una capa aislante de plumas suaves.

140　135　130　125　120　115　110　105　100　95　90　85　80　75　70　65　MILLONES DE AÑOS

COMIENZOS DEL CRETÁCICO

tiranosaurio rex 1

Es probable que el más famoso de todos los dinosaurios sea el *Tiranosaurio rex* (*T. rex*), el rey de los lagartos tiranos, que vivió a finales del periodo Cretácico en grandes planicies de inundación del occidente de Norteamérica, desde Alberta, Canadá, hasta Nuevo México en Estados Unidos, justo antes de que los dinosaurios se extinguieran.

- El *T. rex* fue un gran carnívoro bípedo de más de 3 m de altura y pesaba 6 toneladas. Vivió en zonas demarcadas por ríos, lagos y bosques exuberantes llenos de helechos, plantas florecidas y árboles como las coníferas, sicomoros y araucarias.

- El *T. rex* buscaba estas áreas para encontrar presas vivas como el *Triceratops* y el *Edmontosaurio*. Algunas veces lo lograba, pues se encontró estiércol con huesos semidigeridos de un *Edmontosaurio*.

- El *T. rex* tal vez usaba tácticas de emboscada para atrapar a sus presas, saltando desde los árboles para atraparlas. Los ojos apuntaban hacia adelante y le ayudaban a localizar la presa y a evitar obstáculos peligrosos como troncos y helechos.

- No existe ningún animal vivo semejante al *T. rex*, lo que dificulta hacer comparaciones de movimiento con animales modernos. Los estudios han demostrado que el *T. rex* tenía unas patas bastante largas.

- Los huesos largos de las patas se fusionan entre sí para transferir fuerzas mayores generadas por sus pisadas fuertes, por las piernas y hacia el resto del cuerpo. Estas características indican que el T. rex tenía una forma de vida muy activa.

- Todavía existen desacuerdos sobre qué tan rápido se movía el T. rex. Los cálculos oscilan entre una velocidad pausada de 18 km/h y una muy rápida de 72 km/h.

- Los científicos que consideran que el T. rex se movía de forma rápida indican que sus patas eran semejantes a las de los ornitomímidos pequeños tan veloces como el Struthiomimus (pp. 78-79).

- Otro estudio semejante halló que el T. rex no tenía suficiente músculo en las piernas como para ser tan veloz y pudo no haber corrido. Este estudio calculó que su velocidad oscilaba entre 18 y 40 km/h, más lento que un velocista olímpico.

FINALES DEL CRETÁCICO

tiranosaurio rex 2

En la página anterior presentamos el desacuerdo sobre qué tan rápido podía moverse el *T. rex*. Algunos investigadores han utilizado un enfoque diferente para investigar sus velocidades: calcular cómo podría quedar lesionado el animal si tropezara.

- Algunos científicos observan que los animales pesados tienen las patas ubicadas debajo del cuerpo como pilares, con huesos grandes para soportar el peso, lo que no les permite correr. Quizá el *T. rex* era lento.

- Sólo se ha descubierto una huella en México que podría ser de un *T. rex* y que mide casi 1 m de longitud. Si se encontraran todas las series de huellas se tendría una mejor idea de qué tan rápido pudo moverse el *T. rex*.

- Aún si no corriera, las patas le ayudaban a moverse con velocidad durante una caminata rápida. Es importante recordar que para alimentarse y sobrevivir, tenía que ser tan rápido como su presa o utilizar técnicas de emboscada para atraparla.

- Los bípedos tienen mayor riesgo de caerse, si durante un arranque tropiezan, y no pueden acomodar sus patas debajo del cuerpo.

- Las caídas eran muy peligrosas para *T. rex* porque la cabeza recorría más de 3 m en el desplome, y los pequeños brazos no podían detener su caída. Los avestruces tienen un problema similar.

- Si el *T. rex* se caía, corría el riesgo de lesionarse e incluso de morir. Un equipo de investigadores calculó que si un *T. rex* de 6 toneladas, a 72 km/h tropezara, golpearía el suelo y patinaría a una fuerza tal que probablemente moriría.

- Para evitar las heridas al caer, los investigadores calcularon que era posible que el *T. rex* mantuviera ambas patas en el suelo durante el mayor tiempo posible en cada zancada.

- Es posible que se moviera entre los 18 y 54 km/h, semejante a la velocidad máxima de un elefante africano. Si el *T. rex* se cayera a dicha velocidad, se lesionaría y quizás se rompería algunos huesos pero podría sobrevivir.

140 | 135 | 130 | 125 | 120 | 115 | 110 | 105 | 100 | 95 | 90 | 85 | 80 | 75 | 70 | 65 MILLONES DE AÑOS

FINALES DEL CRETÁCICO

struthiomimus
dinosaurios de dos patas

El *Struthiomimus* (imitador de avestruz) era un dinosaurio bípedo de 2,5 m de altura que pesaba 300 kg y era capaz de realizar movimientos rápidos que se comparan con los de los animales vivos más rápidos de la actualidad. Vivió en el occidente de Canadá a finales del periodo Cretácico, entre 76 hasta hace 70 millones de años.

- Con un esqueleto ligero pero fuerte y patas esbeltas, el *Struthiomimus* fue un dinosaurio cursorípedo. Los huesos alargados de las piernas le proporcionaban una zancada larga. La tibia era mucho más larga que el fémur, una característica de las aves.

- Los músculos de las articulaciones garantizaban que las patas pudieran moverse rápido. Los tres metatarsianos estaban fusionados entre sí para transferir la fuerza de la pisada desde las patas a las piernas y al resto del cuerpo.

- Celurosaurios como el *Struthiomimus* fueron de los primeros en organizar sus extremidades, músculos y colas como las aves, con un músculo caudofemoralis en la pierna y una cola que actuaba más como timón para cambiar de dirección a alta velocidad.

- Con una cola más pequeña y ligera, el *Struthiomimus* tendría más peso en la parte superior si no tuviera las patas debajo de su centro de equilibrio. Sostener el fémur de manera más horizontal traía sus patas hacia adelante y equilibraba al animal.

struthiomimus | 79

- El *Struthiomimus* era cursorípedo pero no alcanzaba la capacidad de esta cualidad que tienen los avestruces modernos. Los brazos bien desarrollados y una cola corta y muscular indicaban que era más pesado que el avestruz no volador y de cola mocha.

- Además, la disposición de los huesos y músculos de las patas significa que un avestruz puede dar zancadas más largas y rápidas que las de un *Struthiomimus* de tamaño semejante. Los avestruces pueden alcanzar una velocidad de casi 58 km/h.

- Los cálculos sobre la velocidad real del *Struthiomimus* oscila entre 35 km/h hasta 50 km/h. Con dos zancadas por segundo, la longitud máxima de la zancada pudo llegar a ser de 6 m.

- Además de escapar de los depredadores, quizás utilizó su velocidad para alimentarse de mamíferos pequeños, lagartos e insectos. Un pico largo (sin dientes), débil y brazos móviles sugieren que comía plantas, semillas y mariscos de agua dulce.

| 140 | 135 | 130 | 125 | 120 | 115 | 110 | 105 | 100 | 95 | 90 | 85 | 80 | 75 | 70 | 65 | MILLONES DE AÑOS |

FINALES DEL CRETÁCICO

therizinosaurus
dinosaurios de dos patas

Con garras de 70 cm y brazos hasta de 2,4 m de longitud, el *Therizinosaurus* (lagarto guadaña) parecía ser un dinosaurio terópodo aterrador, pero sólo era un herbívoro relleno con un esqueleto que lucía poco usual.

- El *Therizinosaurus* era un terópodo realmente singular. Tenía 12 m de longitud, fue descubierto en Mongolia a comienzos del siglo XX cuando los científicos hallaron un par de brazos enormes terminados en garras muy largas.

- Fue un celurosaurio terópodo con cabeza pequeña y un pico que probablemente no tenía dientes. Tenía un cuello recto y largo, columna vertebral oblicua desde las cadera y no horizontal, como en la mayoría de los terópodos.

- Algunos de los huesos de la cadera rotaron hacia atrás para mantener los músculos de las patas y de la cola funcionando de manera eficiente a pesar del cuerpo acolchado. La cola permanecía horizontal.

- El cráneo pequeño pero largo no era adecuado para consumir carne dura. Vivió a finales del Cretácico en los bosques de las orillas de los ríos donde era probable que utilizara su pico para agarrar las hojas y otras materias vegetales de los árboles.

| 228 | 225 | 220 | 215 | 210 | 205 | 200 | 195 | 190 | 185 | 180 | 175 | 170 | 165 | 160 | 155 | 150 |

therizinosaurus | 81

● Evidencias adicionales sobre el estilo de vida de los herbívoros proviene de sus caderas amplias. Aunque el fémur estaba orientado hacia adelante y no recto hacia abajo, había un amplio espacio para albergar el intestino entre las largas piernas.

● Las piernas del *Therizinosaurus* eran muy potentes, pero sus amplias caderas y gran barriga le daban un "andar de pato" que no le permitía correr. Vivió como un gorila o un gigante perezoso que se movía con lentitud y comía sin prisa alguna.

● Cada garra era más larga que el brazo de un humano, estrecha como una hoz pero muy larga para atacar y agarrar la presa. Tenía los huesos de la muñeca muy flexibles y podía meter los brazos dentro de su cuerpo como un ave dobla sus alas.

● Esta flexibilidad ayudó al *Therizinosaurus* a halar el follaje y pudo utilizar las garras para enganchar ramitas o incluso romper montículos abiertos de termitas.

140　135　130　125　120　115　110　105　100　95　90　85　80　75　70　65 MILLONES DE AÑOS

FINALES DEL CRETÁCICO

ovirraptor
dinosaurios de dos patas

El *Ovirraptor* (ladrón de huevos) vivió alrededor de lagos de agua dulce en tierras áridas de finales del Cretácico, en lo que hoy se conoce como desierto de Gobi, en Mongolia. Al comienzo, los científicos encontraron esqueletos de *Ovirraptor* en la parte superior del nido de un dinosaurio y se presumía que la criatura se había fosilizado al devorar los huevos.

- De hecho, los descubrimientos de fósiles recientes han demostrado que algunos huevos contenían embriones de *Ovirraptor*. Entonces, en lugar de deleitarse con el contenido del nido, el *Ovirraptor* estaba incubando y protegiendo su cría.

- Fue un dinosaurio terópodo que alcanzó hasta 2 m de largo y pesó hasta 60 kg. El cráneo tenía una cresta angosta en la punta que terminaba en un pico largo y sin dientes. Tal vez se alimentó de mariscos de agua dulce, de otros animales o de plantas.

- Cualquiera que haya sido su alimentación, era cursorípedo y rápido. Se calcula su velocidad máxima en 39 km/h. Las extremidades traseras eran largas y esbeltas y la tibia era 25% más larga que el hueso del muslo (fémur).

- Pertenece a un grupo de terópodos celutosaurios "mano prensil" (manirraptores). Los manirraptores están relacionados con las aves y tienen ciertos cambios en su esqueleto que se pueden observar en las aves posteriores.

- Por ejemplo, la cola es corta, los músculos que mueven las rodillas y canillas son más importantes que los que mueven los muslos, la pelvis está bien adherida a la columna vertebral, el pubis apunta hacia adelante y un primer dedo de la pata que permanece levantado.

- Los brazos eran muy largos, aunque el *Ovirraptor* no caminaba en las cuatro patas. Tiene características semejantes a las de las aves. Frente al pecho tenía un hueso en forma de U y una lámina ósea semejante a un plato llamada esternón.

- Los brazos podían moverse en diversas direcciones ayudados por el hueso de la muñeca en forma de media luna que le permitía flexionar las manos a todos los lados; esto es importante ya que eran muy largas y terminaban en poderosas garras.

- Podía doblar sus manos (como las aves doblan sus alas), rotar sus brazos hacia adelante a la velocidad de un rayo para atrapar la presa. Luego, los músculos de las manos se convirtieron en alas planas en las aves. Tal vez estaba cubierto por plumas sedosas.

FINALES DEL CRETÁCICO

caudipteryx

dinosaurios de dos patas

El *Caudipteryx* (pluma grande) vivió en los bosques de principios del Cretácico entre 125 hasta hace 119 millones de años, en lo que se conoce ahora como noreste de China. Vivió junto con otros dinosaurios con plumas y cubiertos de pelo como el *Sinosauropteryx*. Era del tamaño de un pavo, de cerca de 70 cm de altura y 1 m de longitud.

- El *Caudipteryx* fue un dinosaurio notable. Las características del cráneo, brazos y caderas nos dicen que fue un terópodo avanzado; sin embargo, poseía un recubrimiento completo de plumas, incluidos brazos semejantes a alas y una elaborada cola de abanico.

- Tenía un pico semejante al de las aves revestido de dientes superiores largos. Las piedras que se encontraron en su estómago, típicas en herbívoros, quizás eran "gastrolitos", o pedazos de roca que tragaba para triturar el alimento.

- Tenía patas muy largas; era cursorípedo y es probable que fuera muy veloz, aunque nadie ha calculado su velocidad de manera formal. Como no era corredor para cazar presas, es probable que utilizara su velocidad para evadir a los depredadores.

- Su cola era una de las más cortas entre los dinosaurios conocidos. Esto afectó la forma como se mantenían las patas y el pequeño espacio para el caudofemoralis. Al igual que en los manirraptores, los músculos de la rodilla se volvieron muy importantes.

| 228 | 225 | 220 | 215 | 210 | 205 | 200 | 195 | 190 | 185 | 180 | 175 | 170 | 165 | 160 | 155 | 150 |

caudipteryx | 85

- Reducir el tamaño de la cola hizo que la parte superior del cuerpo se volviera pesada. El fémur quizá se sostenía de manera horizontal y no vertical para ayudar a traer las patas hacia adelante y equilibrar el cuerpo. Podía correr como un avestruz.

- Un elaborado abanico de plumas hasta de 20 cm se desplegaba desde los huesos cortos de su cola y actuaban como estabilizadores cuando corría. Tenía plumas semejantes a lo largo de los brazos y dedos que se aproximaban a los de las aves actuales.

- La forma de la pluma y la estructura total del cuerpo indican que el *Caudipteryx* no era volador. Las plumas largas pudieron ser de colores brillantes pero tan sólo para desplegarlas y asustar a los enemigos o para atraer a los machos.

- El resto de su cuerpo estaba cubierto de plumas sedosas y acolchadas tal vez para aislar el cuerpo contra el frío. Si el *Caudipteryx* era de sangre caliente y producía su propio calor corporal, el aislamiento del frío hubiera sido muy importante.

| 140 | 135 | 130 | 125 | 120 | 115 | 110 | 105 | 100 | 95 | 90 | 85 | 80 | 75 | 70 | 65 MILLONES DE AÑOS |

OMIENZOS DEL CRETÁCICO

velocirraptor

El *Velocirraptor* (salteador veloz) merodeaba en Mongolia por las dunas de arena a finales del Cretáceo, entre 73 hasta hace 80 millones de años. Mientras que su presa potencial, el pequeño cornudo dinosaurio *Protoceratops*, se reunía en manadas alrededor de los aguaderos, el *Velocirraptor* cazaba solo o en grupo, seleccionando animales vulnerables e indefensos.

- El *Velocirraptor* era un dinosaurio pequeño, agresivo e inteligente que tenía 1,8 m de longitud. Es miembro de un grupo de terópodos llamado dromeosaurios (lagartos corredores) que tenían una garra muy larga en el segundo dedo de la pata.

- Esta garra era dos veces más larga que las garras de los otros dedos y cuando estaba cubierta con una funda afilada, medía cerca de 8 cm. La garra se mantenía elevada durante la locomoción. Por lo general caminaba en dos dedos.

- Tenía una extraña cola modificada. Puntas alargadas y planas se extendían hacia adelante y hacia atrás a partir de cierta vértebra en la cola, convirtiendo dos tercios del extremo de ésta en una varilla rígida. La base, cerca de las caderas, era flexible.

- Había poco espacio en la base de la cola para adherir el caudofemoralis, que había sido reducido en tamaño y efecto. Ahora la cola podía moverse de manera independiente de las patas para ayudar a equilibrarse durante la caza y al correr.

velocirraptor | 87

● Como los músculos de la cola se redujeron, es probable que el *Velocirraptor* mantuviera el fémur en posición horizontal para llevar las patas hacia adelante y equilibrarse. Los músculos que movían las canillas se desarrollaron como los de las aves.

● Éste era diferente al estilo de rotación anterior del fémur alrededor de la cadera. El pubis, el cual apunta hacia adelante en la mayoría de los terópodos, apunta hacia atrás en el *Velocirraptor*. Es una disposición más parecida a la de las aves.

● Tenía hombros muy fuertes, brazos largos y manos con garras largas. Los músculos pateadores de la pierna y los flexores de los dedos de las patas estaban bien desarrollados y hacían funcionar la garra elevada como una navaja automática mortal.

● Un fósil preserva a un *Velocirraptor* que agarra la cabeza de un *Protoceratops* mientras intenta cortar su estómago con las garras traseras. El *Protoceratops* tiene las garras alrededor del brazo derecho del *Velocirraptor*, y quedaron entrelazados en el combate.

| 140 | 135 | 130 | 125 | 120 | 115 | 110 | 105 | 100 | 95 | 90 | 85 | 80 | 75 | 70 | 65 MILLONES DE AÑOS |

FINALES DEL CRETÁCICO

deinonicosaurio

El *Deinonicosaurio* (garra terrible) rodeaba los bosques abiertos del occidente de Norteamérica entre 119 hasta hace 97 millones de años. Era más largo y más temible que el *Velocirraptor*; utilizó su fuerte y ágil cuerpo para someter a su presa antes de cortar la carne con su fenomenal pata con garra.

- El *Deinonicosaurio* creció hasta alcanzar 3,5 m de longitud y tal vez el peso de un humano adulto. Como el *Velocirraptor* también caminó sobre los dedos tercero y cuarto, el segundo se mantenía lejos del suelo por tener una garra larga en forma de hoz.

- Las articulaciones de los dedos de las patas indican que la garra sólo se podía mover hacia arriba y abajo, lo cual le ayudaba a trasladar más fuerza a la acción de cortar. La punta de la garra podía atravesar 150 grados; casi la mitad del arco de un círculo.

- La mayor parte de la cola se mantenía rígida mediante varillas óseas y los brazos y piernas eran fuertes y compartían algunas características con el *Velocirraptor*. Por ejemplo, el fémur apuntaba hacia adelante y hacia abajo y no en sentido vertical.

- Los músculos que movían las canillas cerca de las rodillas estaban más desarrollados que los de los muslos cerca de la articulación de la cadera. Los hombros eran potentes y las manos tenían tres dedos con garras afiladas. El pubis estaba hacia atrás.

- Corría a velocidades de hasta 30 km/h. Una vez alcanzaba la presa se lanzaba al suelo con los brazos y piernas extendidas hacia adelante y las garras listas. Cuando estaba en el aire, la cola actuaba como timón para cambiar o mantener la dirección.

- En el impacto, las mandíbulas abrazaban la presa, ayudadas por brazos y hombros. Los flexores de los dedos de las patas llevaban la garra hacia arriba, y luego los músculos de las piernas se contraían, pateando hacia abajo en forma de círculo y cortando su presa.

- Se han encontrado huesos de *Deinonicosaurio* en el mismo sitio en el que reposa un gran ornitópodo herbívoro llamado *Tenontosaurus*, que no tenía coraza. Los animales jóvenes eran objetivos evidentes para el *Deinonicosaurio*.

- Los *Tenontosaurus* grandes, hasta de 10 veces el peso de un *Deinonicosaurio*, parecen haber sido atacados en manadas de a seis o más animales depredadores que saltaban por encima de su cuerpo en forma coordinada.

MEDIADOS DEL CRETÁCICO

arqueopterix
dinosaurios de dos patas

Es probable que el *Arqueopterix* (ala antigua) sea el fósil más famoso de todos los tiempos, ya que demuestra haber sido un animal "atrapado en el acto" de la evolución. De alguna manera, se asemeja a un ave y en otras a un dinosaurio. Sustenta fuertemente la idea de que las aves

- Tenía casi el tamaño de un cuervo. Vivió en islas del desierto tropical hace casi 150 millones de años en lo que hoy es el sur de Alemania. Las mandíbulas sin pico tenían dientes pequeños y afilados, lo que indica que comía insectos y animales pequeños.

- Los terópodos avanzados que plegaban sus brazos como las aves desarrollaron petos óseos, acortando cola y cadera para alterar la forma de moverse e incluso tenían plumas. El *Arqueopterix* tenía todas estas características pero se clasifica como ave.

- Sus brazos y manos eran más largas que sus piernas y estaban revestidas de una capa gruesa de plumas. La posición especial del cañón principal de las plumas indica que eran para volar y que el *Arqueopterix* podía volar dando aletazos.

- No obstante, era muy distinto a las aves de hoy ya que tenía tres huesos independientes en los dedos de las manos (no una fuerte varilla fusionada) y una cola larga con plumas a todo lo largo (no corta y mocha con un abanico de plumas).

228 225 220 215 210 205 200 195 190 185 180 175 170 165 160 155 150

FINALES DEL JURÁSIC

- Los científicos debaten la forma como evolucionó el vuelo de las antiguas aves como el *Arqueopterix*. Algunos dicen que aprendieron a volar deslizándose desde las copas de los árboles y otros argumentan que aprendieron a volar desde el suelo.

- Es más eficiente volar desde las copas de los árboles deslizándose hacia abajo, de rama en rama. El vuelo pudo haber evolucionado al cambiar el aislamiento y la disposición de las plumas por unas más apropiadas para volar.

- El método cursorípedo requiere más energía para levantar el animal desde el suelo que ir hacia abajo desde las copas de los árboles, pero como el *Arqueopterix* podía correr y brincar a casi 29 km/h generaba una elevación suficiente como para despegar.

- La velocidad normal de vuelo era de 21 km/h, pero no era un volador hábil: no daba aletazos profundos ni rápidos, no controlaba sus aterrizajes y su hueso apostador o espoleta no almacenaba energía como un resorte, como las aves modernas.

| 140 | 135 | 130 | 125 | 120 | 115 | 110 | 105 | 100 | 95 | 90 | 85 | 80 | 75 | 70 | 65 MILLONES DE AÑOS |

glosario

Apatosaurio: Gran herbívoro saurópodo conocido también como *Brontosaurio*. Vivió durante el final del periodo Jurásico en el occidente de Estados Unidos.

Argentinosaurio: Titanosaurio saurópodo proveniente de Argentina. Posiblemente fue el saurópodo más grande que haya existido. Pudo tener un peso de hasta 100 toneladas.

Articulación: Región móvil del esqueleto donde se unen dos o más huesos.

Bípedo: Animal que se para y camina sólo sobre sus patas traseras.

Carnívoro: Animal que sólo consume carne. La mayoría de los terópodos fueron carnívoros.

Caudofemoralis: El músculo más potente de las patas en la mayoría de los dinosaurios, cuya función era halar las patas traseras hacia atrás. Se extendía desde la cola hasta la parte superior del hueso del muslo (fémur).

Celurosaurio: "Lagartos de cola hueca". Grupo de terópodos tetanuránidos. Incluye el *Tiranosaurio rex* y el *Velocirraptor*.

Ceratosaurio: "Lagartos con cuernos". Grupo de los primeros dinosaurios terópodos. Todos los ceratosaurios tenían cuatro dedos. Los terópodos posteriores perdieron el cuarto dedo. Incluye el *Carnotaurio* y el *Celofísido*.

Cola de caballo: Planta antigua sin semilla, común en el mesozoico. En la actualidad sólo sobrevive un tipo de cola de caballo.

Cretácico: Periodo final de la era Mesozoica, que comprendió entre 144 hasta hace 65 millones de años. Los dinosaurios se extinguieron a finales del periodo Cretácico.

Cuadrúpedo: Animal que se para y camina en las cuatro patas.

Cúbito: Uno de los dos huesos que componen la parte inferior del brazo. El cúbito en general es más largo que el radio.

Cursorípedo: Animal con extremidades largas y delgadas adaptadas para correr con rapidez distancias largas.

Dedo pulgar opuesto: Cuando el primer dedo (pulgar) se conecta con la palma de la mano a un ángulo dado, permite que toda la mano funcione como estructura prensil.

Digitígrado: Caminar sólo en los dedos de patas y manos. Los dinosaurios y aves son digitígrados. Los humanos colocan todo el pie en el suelo y se les conoce como plantígrados.

Ectotérmico: "De sangre fría". Los Ectotermos calientan su cuerpo utilizando fuentes externas de calor, por lo general, el sol.

Endotérmicos: "De sangre caliente". Los Endotermos generan su propio calor corporal interno constante para mantenerse calientes y asegurar que los procesos corporales se realicen con alto rendimiento.

Esternón: Equivalente al hueso del pecho, una placa ósea grande que se encuentra en el pecho, a la cual se adhieren las costillas.

Extintos: Término utilizado para describir un animal o planta que ha desaparecido.

Fémur: Hueso único en la parte superior de la pierna o hueso del muslo.

Fermentación: Descomposición de material orgánico (como plantas), con frecuencia mediante microorganismos ubicados en el estómago o intestino.

Garra de rocío: Otro nombre para el primer dedo de la pata (o dedo grande) de los dinosaurios terópodos, el cual se mantiene lejos del suelo. También conocido como "hallus".

Gastrolitos: Piedras que consumían algunos dinosaurios herbívoros y que quedaban contenidas en el estómago para ayudar a triturar los alimentos duros que no se masticaban en su totalidad con los dientes.

Genes: Partes de una célula que controlan características del cuerpo, las cuales se pasan a la siguiente generación. Por ejemplo, el color de los ojos.

Graviportal: Animal con huesos gruesos en las extremidades dispuestos como columnas de soporte debajo del cuerpo. Los músculos de las patas estaban adaptados para producir fuerza y no velocidad. Significa "pesado para cargar".

Hadrosaurio: "Lagartos voluminosos". Incluye los dinosaurios con pico aplanado como el *Maiasauria*.

Herbívoro: Animal que come sólo plantas. Con frecuencia tiene dientes especializados e intestino para digerir el alimento.

Hueso de la suerte o apostador: Hueso que se encuentra en la parte superior del pecho de las aves y en algunos dinosaurios.

Húmero: Hueso único de la parte superior del brazo.

Ilion: Uno de los huesos de la pelvis (caderas). El ilion se fusiona con proyecciones especiales de la columna vertebral llamadas costillas sacras. El ilion también conecta las patas al resto del cuerpo.

Isquion: Uno de los huesos de la pelvis (caderas). Apunta hacia abajo y hacia atrás desde la cavidad de la cadera.

Jurásico: Periodo intermedio de la era Mesozoica que duró entre 201 hasta hace 144 millones de años. Durante este periodo los dinosaurios se dispersaron en todo el mundo y las aves evolucionaron.

Ligamento: Tira, cuerda o lámina de tejido blando. Conecta los huesos entre sí.

Longitud de zancada: Distancia que abarca la pata durante un solo paso.

Manirraptores: Grupo de celurosaurios, tetanuránidos, terópodos con "manos prensiles". Incluye el *Velocirraptor* y el *Deinonicosaurio*.

Mesozoico: Significa "vida intermedia". Era que se comprende entre 245 hasta hace 65 millones de años. Contiene los periodos Triásico, Jurásico y Cretácico.

Metatarsos: Huesos largos de la pata. Se mantenían lejos del suelo durante la caminata normal de los dinosaurios. Véase "digitígrado".

Modo de andar: Secuencia específica de movimientos de las patas, como trotar, correr o galopar.

Neovenator: Terópodo de comienzos del Cretácico proveniente de la Isla de Wight, en Inglaterra.

Omnívoro: Animal que come plantas y carne.

Ornistiquios: Dinosaurios con cadera de ave y pubis que apunta hacia atrás y un hueso predental en la mandíbula inferior. Todos consumen plantas.

Parasagital: Extremidades que se mantienen debajo del cuerpo y que sólo se doblan hacia adelante y hacia atrás.

Peroné: El más pequeño de los dos huesos de la parte inferior de la pierna que conforman la canilla. El hueso más largo es la tibia.

Postura: Término utilizado para describir la posición de las extremidades cuando se está parado, caminando y corriendo. Los dinosaurios tenían una postura erguida. Los lagartos tenían una postura extendida.

Predentales: Hueso pequeño de la mandíbula inferior. Solo se encontraba en los ornistiquios en donde se forma la punta del pico.

Prosaurópodos: "Anteriores a los saurópodos". Dinosaurios saurisquios por lo general herbívoros capaces de caminar en dos o en cuatro patas. Primeros parientes de los saurópodos.

Pubis: Uno de los huesos de la pelvis (caderas). El pubis apunta hacia abajo y hacia atrás en la mayoría de los dinosaurios ornistiquios y hacia abajo y hacia adelante en la mayoría de los saurisquios.

Radio: Uno de los dos huesos que componen la parte inferior del brazo. El otro hueso, con frecuencia más largo, es el cúbito.

Saurisquios: Dinosaurios con cadera de lagarto. Se caracterizan porque el pubis apunta hacia adelante. Los terópodos, prosaurópodos y saurópodos son dinosaurios saurisquios. Uno de los dos grupos principales de dinosaurios (véase *ornistiquios* para conocer el otro grupo).

Sauropodomorfos: Uno de los dos grupos principales de saurisquios (el otro son los terópodos). Los saurópodos y prosaurópodos son sauropodomorfos.

Saurópodos: "Patas de lagarto". Dinosaurios saurisquios, cuadrúpedos y herbívoros. Eran los dinosaurios más grandes con cuerpo enorme, cuello y cola largos y patas como pilares.

Serie de huellas: Serie de huellas producidas por el mismo animal.

Tendón: Láminas o cuerdas de tejido blando. Salen del músculo y lo conectan con el hueso.

Tetanuránido: "Colas rígidas". Uno de los dos grupos principales de dinosaurios terópodos (el otro es el ceratosaurio). Todos los tetanuránidos tenían sólo tres dedos.

Tetrápodo: "Cuatro patas". Todo animal con dos brazos (o alas) y dos piernas. Incluye animales sin extremidades que han evolucionado de antepasados con cuatro extremidades, como las culebras.

Terópodos: "Patas de bestia". Por lo general, dinosaurios saurisquios depredadores. Todos eran bípedos.

Tireóforos: "Con escudo". Grupo de dinosaurios ornistiquios herbívoros en especial cuadrúpedos con un revestimiento óseo en el cuerpo. Incluye el *estegosaurio* y el *anquilosaurio*.

Tibia: El más largo de los dos huesos que componen la parte inferior de la pierna o canilla. El hueso más pequeño es el peroné.

Titanosaurio: "Lagartos gigantescos". Grandes saurópodos herbívoros. Es posible que incluyan al animal de tierra más grande, el *Argentinosaurio*.

Triásico: Primer periodo de la era Mesozoica, entre 245 hasta hace 201 millones de años. Los dinosaurios aparecieron a mediados del triásico.

Vértebra: Hueso individual que se encuentra en la espina dorsal. La espina dorsal se compone de muchas vértebras y también se le conoce como columna vertebral.

índice

A

Alemania, *Arqueopterix,* 90-91
Ancestral, cuadro 8-9
animales ectotérmicos, 17
animales endotérmicos, 17
animales graviportal, 19
Argentina
    Carnotauro, 62-63
    Gigantosaurio, 67
    Herrerasaurio, 58-59
    Saltasaurio, 36-37
Arqueopterix, 90-91
articulaciones, 18
Asia
    Iguanodón, 48-49
    Sinosauropterix, 72-73

B

Baryonyx, 68-69
Bélgica, *Iguanodón de,* 49
Braquiosaurio, 34-35
Buckland, William, 64

C

Camarasaurio, 32-33
cálculo de fortaleza, 21
cálculo de la velocidad, 21
Caminado, 13
caminar digitígrado, 13
Canadá
    Struthiomimus, 78-79
    Triceratops, 42-43
    Tiranosaurio rex, 74-77
carnívoros, 58-77, 86-89
    Baryonyx, 68-69
    Carnotauro, 62-63
    Celofísidos, 60-61
    Compsognathus, 70-71
    Deinonicosaurio, 88-89
    Gigantosaurio, 66-67
    Herrerasaurio, 58-59
    Megalosaurio, 64-65
    Sinosauropterix, 72-73
    Tiranosaurio rex, 74-77
    Velociraptor, 86-87
Carnotauro, 62-63
Caudipteryx, 84-85
China
    Caudipteryx, 84-85
    Shunosaurus, 28-29
    Sinosauropterix, 72-73
    Velociraptor, 86-87
cladograma, 8-9
Celofísidos, 60-61
comienzos del Cretácico
    Baryonyx, 68-69
    Caudipteryx, 84-85
    Iguanodón, 48-49
    Sinosauropterix, 72-73
comparaciones entre humanos y
    dinosaurios, 6
Compsognathus, 70-71
conservación de la energía, 16
Cretácico medio
    Carnotauro, 62-63
    Deinonicosaurio, 88-89
    Gigantosaurio, 66-67

D

Deinonicosaurio, 88-89
dinosaurios
    articulaciones, 18
    caminado, 13
    cuadro ancestral, 8-9
    distribución (mapa) 22-23
    fechas existentes (tabla), 24-25
    huesos, 18
    modo de andar, 15
    movimiento, 12-13, 18-19
    músculos, 14, 18, 21
    temperatura de la sangre, 17
    velocidad 15, 21
Diplodocus, 30-31
distribución (mapa), 22-23

E

era Mesozoica, 6-7
Euoplocephalus, 38-39
Europa
    Compsognátido, 70-71
    Iguanodón, 48-49
    Plateosaurio, 46-47
España, *Hipsilofodóntido,* 54-55
Estegosaurio, 40-41
evolución, 7

F

fechas existentes (tabla), 24-25
finales del Cretácico
    Maiasauria, 50-51
    Ovirraptor, 82-83
    Paquicefalosaurio, 56-57
    Saltasaurio, 36-37
    Struthiomimus, 78-79
    Therizinosaurus, 80-81
    Triceratops, 42-43
    Tiranosaurio rex, 74-77
    Velociraptor, 86-87
finales del Jurásico
    Arqueopterix, 90-91
    Braquiosaurio, 34-35
    Camarasaurio, 32-33
    Compsognathus, 70-71
    Diplodocus, 30-31
    Estegosaurio, 40-41

finales del Triásico
    Celofísido, 60-61
    Herrerasaurio, 58-59
    Plateosaurio, 46-47
forma de las patas, 19
Francia, *Megalosaurio*, 64-65

G

Gigantosaurio, 66-67
Groenlandia
    Celofísido, 60-61
    Plateosaurio, 46-47
grupos de dinosaurios
    ornistiquios, 10-11
    ornitópodos, 48, 50
    prosaurópodos, 28, 46
    saurisquios, 10-11
    saurópodos, 28-41
    terópodos, 64-77, 80-89
    titanosaurios, 36

H

herbívoros, 28-57, 80-81, 84-85
    Braquiosaurio, 34-35
    Camarasaurio, 32-33
    Caudipteryx, 84-85
    Diplodocus, 30-31
    Estegosaurio, 40-41
    Euoplocephalus, 38-39
    Hipsilofodóntidos, 54-55
    Iguanodón, 48-49
    Maiasauria, 50-51
    Paquicefalosaurio, 56-57
    Plateosaurio, 46-47
    Saltasaurio, 36-37
    Shunosaurus, 28-29
    Therizinosaurus, 80-81
    Triceratops, 42-43
Herrerasaurio, 58-59
Hipsilofodóntidos, 54-55
huellas, 20
huesos, 18

I

Iguanodón, 48-49
Inglaterra
    Baryonyx, 68-69
    Hipsilofodóntido, 54-55
    Megalosaurio, 64-65

J

Jurásico medio
    Megalosaurio, 64-65
    Shunosaurus, 28-29

M

Maiasauria, 50-51
Megalosaurio, 64-65
modo de andar, 15
Mongolia
    Ovirraptor, 82-83
    Tericinosaurio, 80-81
    Velocirraptor, 86-87
movimiento, 12-23, 18-19
músculos, 14, 18, 21

N

Norteamérica
    Camarasaurio, 32-33
    Celofísidos, 60-61
    Deinonicosaurio, 88-89

Diplodocus, 30-31
Estegosaurio, 40-41
Euoplocephalus, 38-39
Hipsilofodóntido, 54-55
Iguanodón, 48-49

Maiasauria, 50-51
Paquicefalosaurio, 56-57
Triceratops, 42-43
Tiranosaurio rex, 74-77
Nuevo México, *Tiranosaurio rex,* 76

O
omnívoros, *Struthiomimus,* 78-79
ornistiquios, 10-11, 48, 58
  cuadrúpedo, 38
ornitópodos, 48, 50
Ovirraptor, 82-83

P
Paquicefalosaurio, 56-57
periodo Cretácico, 7
  véase también Comienzos del Cretácico; Cretácico medio, finales del Cretácico
periodo Jurásico, 7
  véase también, Comienzos del Jurásico, Jurásico medio y finales del Jurásico

periodo Triás
  véase también finales del Triásico
Plateosaurio, 46-47
Prosaurópodos, 28, 46

S
Saltasaurio, 36-37
saurisquios, 10-11, 46, 58
sauropodomorfos, 28
saurópodos, 28-41
Shunosaurus, 28-29
Sinosauropteryx, 72-73
Struthiomimus, 78-79

Carnotauro, 62-63
Gigantosaurio, 66-67
Herrerasaurio, 58-59
Saltasaurio, 36-37

T
tamaño y velocidad, 15
temperatura de la sangre, 17
Therizinosaurus, 80-81
terópodos celurosaurios, 80
  manirraptores, 82
terópodos dromeosaurios, 86

terópodos tetanuránidos, 69
Terópodos, 64, 72, 82, 90
  celurosaurio, 70, 80
  dromeosaurio, 86
  tetanuránido, 69
terrenos para anidar, 50
Tiranosaurio rex, 74-77
titanosaurios, 36
Triceratops, 42-43

V
velocidad y tamaño, 15
Velocirraptor, 86-87